LA CONSPIRACIÓN DE LOS SUPREMACISTAS

Douglas A. Lawton

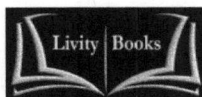

Livity Books

LA CONSPIRACIÓN DE LOS SUPREMACISTAS

ISBN 978-1-941632-38-3

Publicado por:

Livity Books LLC, West Palm Beach, Florida

TABLA DE CONTENIDO

CAPÍTULO 1

Mr. Bigote

Presidente del Consejo

Debido a ciertos acontecimientos alarmantes en Estados Unidos, el Sr. Bigote convocó apresuradamente una reunión del Consejo.

En la reunión estuvieron presentes:

Sr. Bigote, Presidente del Consejo,

Sr. Killymann, Jefe de Seguridad Nacional,

Sr. Spindecker, Jefe de Comunicaciones,

Sr. Sickering, Jefe del Departamento de Salud,

Sr. Evildumb, Jefe de la Administración de Alimentos y Medicamentos,

Sr. Sportington, Jefe de Deportes y Cultura,

Sr. Whatermann, Jefe de Gestión de Agua y Residuos,

Sr. Politricko, Estratega Político Jefe,

Sr. Jerrymander, Jefe del Departamento de Tierras,

Sr. Finesse, Jefe de Finanzas y Planificación,

Sr. Redhead, Defensor en Jefe y

Rev. Hippocritus, Jefe de Fundamentalismo Religioso.

El Sr. Bigote se dirigió al Consejo de Supremacistas: "Señores, buenas tardes. Me alegra ver que todos estamos aquí. Me alegro de que pudieras hacerlo. Se convoca ahora la sesión. Estamos convocados para abordar cuestiones de grave preocupación. La seguridad de nuestra nación está en riesgo. Hace muchos años, nuestros antepasados llegaron aquí como inmigrantes que buscaban cumplir sueños de libertad de la persecución religiosa, la pobreza, la guerra y todo tipo de atrocidades. Querían paz y prosperidad. Tomamos la tierra de los salvajes indios, la limpiamos y ahora somos propietarios de esta propiedad inmobiliaria de primer nivel llamada América. Estados Unidos es ahora el lugar más civilizado del planeta y se ha convertido en un faro de esperanza para los soñadores de todo el mundo. ¿No es genial? Como todos ustedes saben, los negros vinieron aquí como esclavos. Los compramos a comerciantes de este tipo de mercancía, y legalmente se convirtieron en nuestra propiedad para hacer lo que quisiéramos. Por proporcionarnos una fuente barata de mano de obra, les dimos a los negros el privilegio de vivir en nuestro país y compartir su desarrollo. Hoy Estados Unidos es el lugar más grande en el mundo civilizado. Debo admitir que los esclavos negros nos sirvieron bien y contribuyeron mucho a nuestra prosperidad. Obtuvimos el valor de nuestro dinero y algo más. Los trabajamos duro, los criamos como ganado y poseímos generaciones de ellos. Fue la mejor inversión que nuestros antepasados podrían haber hecho. Comprar gente negra fue mejor que cualquier cosa que se vea en el mercado de valores hoy en día".

"Has acertado", intervino el Sr. Finesse.

"Hablando de inversión, los negros nos permitieron llenarnos los bolsillos para las generaciones venideras. Los negros nos proporcionaron una reserva barata y constante de mano de obra para que pudiéramos vivir una vida de facilidad y abundancia. Después de un tiempo, tuvimos la amabilidad de concederles la libertad. Solo requerimos que mantuvieran su lugar; que no se ven a sí mismos de ninguna manera iguales a nosotros, y que estén lo suficientemente agradecidos como para servirnos cuando sea necesario con un salario razonable para nosotros. Compañeros supremacistas, ahora tenemos un grave problema en nuestras manos. Los negros están aumentando en número y poder. Incluso han tenido su propio presidente negro. No podemos permitir que piensen que son nuestros iguales, y no podemos dejar que ejerzan tal poder nunca más. No podemos tener a los negros gobernando sobre nosotros. ¿Podemos? Sólo nosotros tenemos el derecho divino de tener dominio sobre la tierra. Por lo tanto, debemos negar todo éxito atribuido al Presidente Negro y desmantelar cada programa que comenzó. ¿Deberíamos permitir otro? ¡No! Los negros ya nos están quitando nuestros trabajos y ahora nos están quitando a nuestras mujeres. Se están casando cada vez más con blancos y están corrompiendo nuestra raza suprema. Hoy en día la gente de color está corriendo, algunos sin saber si son blancos o negros. Ahora hay una crisis de identidad. Para empeorar las cosas, los negros en número creciente vienen aquí de todo el mundo. Muy pronto, serán la mayoría. Es inimaginable lo que podrían hacernos. ¿Qué harías si estuvieras en sus zapatos?"

"Lo entendemos. Estamos obligados a hacer lo que sea necesario para protegernos. El karma es una perra, pero las perras no son karma. Además, cualquier perra se puede atornillar. Los superaremos", afirmó Killymann.

Risa.

"Debo admitir que hay algunos buenos negros, pero simplemente no son lo suficientemente buenos. Los negros pueden ser buenos para ser niñeras para nuestros hijos, ser nuestras amas de llaves, trabajar en nuestros campos, ser nuestros conserjes e incluso luchar junto a nosotros en guerras, cosas así. Pero hasta ahí llega. Los negros no son iguales a nosotros y nunca lo serán. Nosotros somos la cabeza, y ellos son la cola. Si no son blancos, no tienen razón", respondió Bigote.

"Seamos realistas, no nos gustan y a nadie más tampoco les gustan. Los negros son seres inferiores. Su único propósito es servir a nuestro pueblo supremo. ¡Nada más! ¿Alguna vez te has parado a preguntarte por qué los negros son despreciados e irrespetados por todos los grupos étnicos? ¡Deberías ver cómo se tratan en China! ¡Áspero! Gente muy ruda; muy áspero", dijo Bigote.

"Ruff-ruff", ladró Evildumb en broma.

Risa.

"Ni siquiera los negros como ellos mismos. Hay tanto odio a sí mismo que incluso en África las personas de color están decolorando sus pieles y están gastando mucho dinero en pelucas, extensiones de cabello y otros productos pará el cabello. La demanda es tan grande que estos artículos están recaudando billones".

"¡Dios Todopoderoso!", Gritó Hipócrito.

"Los negros blanquean sus pieles porque los blancos y las personas de tez más clara tienen más privilegios y son tratados con más respeto. Las extensiones de cabello ayudan a que los negros se vean blancos. Ser blanco significa más oportunidades de empleo y negocios, un acceso más fácil al capital y en términos más favorables. Por ser considerados más positivamente, las personas blancas incluso obtienen más oportunidades de citas y matrimonio, en algunos lugares. La discriminación es evidente incluso en países donde los negros son mayoría. En algunos países del Tercer Mundo, los negros discriminan a favor de las personas que son blancas y marrones. Los suyos mismos han dicho que cualquiera demasiado negro no es bueno. ¡Imagínate eso!"

Risa.

"Además, los caucásicos no tienen que ser ciudadanos en ningún país predominantemente negro para obtener el privilegio blanco. Solo tienen que aparecer. Por ejemplo, como hombre blanco puedo vivir como un rey en cualquier país con una población predominantemente negra. Solo mi color me abrirá puertas. Muchos de mis amigos que han emigrado al Caribe y África, por ejemplo, pueden dar fe de la veracidad de lo que estoy diciendo. Mis amigos nunca han vivido mejor y, por lo tanto, no tienen ningún deseo de regresar a Estados Unidos. Por supuesto, nadie es asesinado a causa del color de la piel. Además, la policía protege a los blancos, especialmente en las zonas turísticas. De hecho, algunas personas te amarán más por ser blanco. En los países del Tercer Mundo, mis amigos, los blancos viven como dioses. Incluso aquellos considerados basura blanca pueden ir a cualquier parte del mundo oscuro y ser tratados como un tesoro. ¿Qué piensas de eso?"

"Decimos que si eres blanco, estás bien; si los negros se quedan atrás", respondió Spindecker.

Risa.

El Sr. Bigote continuó: "En los países negros, hemos sido tratados como merecemos y como deberíamos. Los negros en Estados Unidos no son tan cooperativos. Quieren ser iguales con nosotros, compartir los mismos derechos y privilegios, y estar por encima de nosotros. Para colmo de males, nuestro pueblo supremo se está casando con negros, y nadie puede convencerlos de que retrocedan. A lo largo de los años, hemos probado varias estrategias para reducir la población negra y mantener a los negros en su lugar, con un éxito limitado. Nos hemos esforzado por descifrarlos. Cuando no se rompían, los golpeábamos. Para complicar las cosas, la gente de color continúa viniendo aquí en masa desde otros países. Ahora la situación se ha ido de las manos. Se predice que para 2040 las personas de color serán mayoría".

"¡No sobre mi cadáver!", exclamó Evildumb. "¡No sobre mi cadáver!"

"Teniendo en cuenta los pasos dados hasta ahora para mantenerlos en su lugar, ¿qué harías si estuvieras en los zapatos de las personas de color? Seamos realistas. Estamos obligados a evitar que las tornas cambien. Las personas de color ahora representan una amenaza existencial para nuestra supervivencia política y de otro tipo. Son ellos o nosotros, amigos; son ellos o nosotros".

"Amén a eso", dijo Spindecker.

"La guerra es inminente, señores; la guerra es inminente. En tiempos difíciles, nos vemos obligados a tomar partido. Los que no están con nosotros están en contra de nosotros. Tenemos la historia de nuestro lado, y estamos en el lado correcto de la historia. Antes de 1776, los británicos gobernaban sobre nosotros. Éramos una colonia más y no teníamos voz en la determinación de nuestro destino. Queríamos un mejor trato: nuestra independencia. Estábamos cansados de que la gente nos gobernara y actuara como si tuvieran el derecho divino de hacer lo que quisieran, tratándonos como si existiéramos para su placer. Los británicos no nos dejarían ir sin luchar. Entonces, hicimos lo que teníamos que hacer. Con la ayuda de los franceses, luchamos y los derrotamos. Otros grupos étnicos ayudaron en la lucha por la independencia, como los indios nativos, los mexicanos, los latinos y los negros. Las personas de color incluso lucharon en la Guerra Civil. Ahora representan una amenaza para nuestra forma de vida y amenazan con reemplazarnos como la raza dominante", declaró el Sr. Bigote.

"La gente de color no nos reemplazará. La gente de color no nos reemplazará", coreaban los supremacistas.

"No podemos ser demasiado amables ni dar nada por sentado. Tenemos que ser cautelosos pero asertivos. De lo contrario, nuestra comida será consumida por otros y nuestros derechos y privilegios tomados. En la medida de lo posible, tenemos que estar preparados. No podemos dar nada por sentado. Seamos proactivos. El credo es' Do a los demás antes de que te hagan a ti'. Es una jungla por ahí, y solo los fuertes sobreviven. Creemos en el orden y somos ciudadanos respetuosos de la ley. No olviden que es nuestro orden y nuestras leyes lo que está en juego aquí. Sus recomendaciones serán muy apreciadas. Por favor, hagan sus presentaciones según lo programado", declaró Bigote.

CAPÍTULO 2

Sr. Killymann

Jefe de Seguridad Nacional

El jefe de seguridad nacional fue el primero en hablar. Tenía un andar decidido y parecía un tipo sensato. Estaba bien arreglado y adornado con medallas en toda su chaqueta. Sus ojos acerías complementaban la ronquera de su voz. Parecía frío y calculador.

La voz de Killymann retumbó: "Señores, estamos viviendo tiempos difíciles; y la necesidad de tomar medidas drásticas para hacer que nuestra nación vuelva a ser grande. Los negros se han vuelto ingratos y amenazan la vida que hemos llegado a conocer y disfrutar. A pesar de las oportunidades, todavía quieren más y exigen ser tratados por igual como nuestro pueblo blanco supremo. ¡No sobre mi cadáver!"

"¡Sí! ¡No sobre mi cadáver! Si no son blancos, no tienen razón", gritó otro.

El Sr. Killymann continuó: "No tiene sentido pensar demasiado. Aunque me gusta pensar las cosas, la vida es lo que es. Sugiero que privaticemos el sistema penitenciario y encarcelemos a tantos como sea posible. Encerrarlos por la más mínima infracción. Establezca el costo de la fianza tan alto que será difícil para los negros pagar la fianza. Aquellos que no puedan pagar un abogado tendrán uno designado por la Corte.

Uno de entre nuestro pueblo supremo será seleccionado para forzar una confesión o engañar al acusado para que se declare culpable. Después de eso, son tostadas. Independientemente de lo que hayan hecho o no hayan hecho, los negros son condenados si son culpables y condenados si no lo son. Que permanezcan en prisión el mayor tiempo posible para que nuestro pueblo supremo pueda tener un flujo constante de mano de obra barata. Hasta ahora, nuestros planes han estado funcionando. Hemos hecho un trabajo tan fantástico al castrar a los hombres negros que 1 de cada 3 va a prisión".

"¡Enciérralos! ¡Enciérralos!", coreaban los supremacistas.

"Tenemos una deuda de gratitud con nuestros amigos supremacistas para ayudarlos a hacerse más ricos. Los dueños de negocios deben tener un negocio sólido, patrocinado por el estado. De esta manera podemos reanudar encubiertamente el peonaje. Para aquellos demasiado jóvenes para entender, permítanme explicar qué es el peonaje: La 13ª Enmienda que puso fin a la esclavitud permitió la esclavitud involuntaria para los crímenes. Bajo Jim Crow, cada estado determinaba lo que constituía un crimen. Cualquier cosa que nuestro pueblo supremo declarara que era un crimen era legalmente vinculante. Los crímenes se establecieron en lo que se consideró los Códigos Azules. Los Códigos Azules aseguraron que nuestra gente tuviera un suministro constante de mano de obra. Los convictos eran alquilados o arrendados por la duración de sus condenas. Simplemente usaremos el mismo libro de jugadas, dándole nuestro giro, por supuesto".

"¡Amén a eso!", exclamó Hipócrito.

"Además de proporcionar mano de obra barata e ingresos

para nuestro pueblo supremo, el sistema nos permitirá suprimir el voto negro y ganar más elecciones. De esta manera, tomamos un tiro y matamos dos pájaros. Los presos no pueden votar, ya sabes. Cambiaremos las leyes para permitirnos encarcelar libremente a los negros bajo la mera sospecha de haber cometido un delito. En ausencia de pruebas de inocencia, se puede asumir la culpabilidad. Dependiendo de quién o qué esté en juego, se prefiere la especulación por encima de la investigación y cuesta menos. Muchos quedarán atrapados en el sistema por no poder pagar la fianza o demostrar su inocencia".

"¡Suprimir los votos negros! ¡Supriman los votos negros!", intervino Redhead desafiante.

"Pondremos a tantas personas negras como sea posible tras las rejas durante el tiempo que el sistema lo permita. Requeriremos sentencias obligatorias incluso para delitos menores, incluido fumar marihuana. Fumar marihuana hará que los infractores reciban al menos diez años de prisión. Destruiremos la estructura familiar al evitar que los hombres negros trabajen, tanto aquellos con antecedentes penales basados en cargos falsos como aquellos sin antecedentes penales. Nos dirigiremos a los hombres para que sus familias se mantengan inestables. Como proveedoras, las madres estarán tan ocupadas que no tendrán tiempo para disciplinar a sus hijos o mostrarles amor. Sin un padre, los niños pequeños no sabrán lo que significa ser un hombre, y las niñas no conocerán el amor de un padre, lo que los hará vulnerables a cualquiera que muestre el más mínimo afecto. Haremos que los negros dependan del estado y de otros para sus necesidades, lo que permitirá un síndrome de dependencia, socavando así la responsabilidad, la creatividad y el desarrollo en general".

"A la gente de color no le irá bien con el bienestar", se rió Hipócrito.

"Para reducir la población negra, alentaremos a la policía a eliminar la amenaza en cualquier oportunidad. La policía siempre puede decir que temió por sus vidas, que la persona a basada estaba armada o se resistió al arresto. En algunos casos, la policía puede tener que fabricar o plantar pruebas. En este sentido, ya están bien educados, por lo que la prueba no es un problema. Nos aseguraremos de tener personas que apoyen a la policía, permitiéndoles salir libres de escoceses. Después de todo, la policía solo habría estado haciendo su trabajo; ¿no?"

Risa.

"Sabemos cómo hacer problemas a los alborotadores. ¿No es así? Nuestras conexiones nos permitirán controlar la narrativa y moldear la opinión pública. Hasta ahora, hemos logrado convertir a los luchadores por la libertad en rebeldes comunistas. Muchos están siendo perseguidos mientras hablamos, y algunos ya están en prisión. Tenemos que deshacernos de los alborotadores, amigos. Serán perseguidos y tratados, dondequiera que estén. No perdonaremos a nadie, incluidas las mujeres y los niños. Los que están en las iglesias tampoco escaparán. Tenemos soldados de a pie, y tenemos francotiradores. Si escapan de nuestros soldados de a pie, no escaparán de nuestros francotiradores. Los negros nos están causando problemas y exigen ser tratados por igual. ¡No! ¡De ninguna manera José!"

"Vamos a correr a la gente de cabeza de pañal fuera de la

ciudad", reflexionó Sickering.

"Creemos en la libertad de elección, amigos. Ponemos las opciones por ahí y la gente elige qué camino quieren seguir. Los negros son libres de seguir nuestras reglas, ser exterminados o pasar tiempo en prisión. Sin duda, los que reciben la pena de muerte serán sofocado rápidamente. Seremos rápidos, amigos; seremos rápidos. Cuando piensen que es paz y seguridad, la destrucción repentina vendrá sobre ellos. Aquellos que logran escapar de nuestras trampas desearán no haber nacido nunca. Podemos destruir creativamente la credibilidad de cualquiera y hacer que las personas y las cosas desaparezcan, como por arte de magia. Ahora los ves; ahora no. Desaparecerán como fantasmas".

El Consejo rugió de risa.

"Otra idea es que los miembros de la fuerza policial y la CIA trabajen encubiertos, junto con la mafia rusa e italiana, para distribuir drogas en las comunidades donde viven los negros. Solo tenemos que asegurarnos de que el pez gordo siga siendo caucásico e intáctil. Haremos todo lo posible para mantener las drogas alejadas de los lugares ocupados por caucásicos".

"¡Poder blanco! ¡Poder blanco!", coreaban los supremacistas.

"Eventualmente, la adicción a las drogas se extenderá y la demanda de drogas se disparará. Pronto habrá guerras territoriales. Los negros se verán obligados a matarse unos a otros, en aras de la supervivencia. Al disminuir su población, también disminuiremos el número de personas que probablemente voten demócrata. La mayoría son demócratas, ya sabes. Queremos evitar que socialistas y comunistas ganen el poder y arruinen nuestro gran país. Necesitamos hacer que Estados Unidos vuelva a ser blanco", declaró Killymann.

"¡Eres un genio sangriento!" Exclamó el Sr. Bigote.

Risa.

El Sr. Killymann reanudó el discurso: "Construiremos un muro para mantener fuera a todos los inmigrantes, principalmente a las personas de color. Comenzaremos la deportación a gran escala, independientemente de su situación. Enviaremos de vuelta a todos los soñadores. Déjalos ir a soñar a otro lugar. Este es nuestro país. Los inmigrantes son los principales responsables del tráfico de drogas y otros delitos; además, están trayendo enfermedades".

"Envíalos de vuelta a sus mierdas", declaró Redhead.

"Recortemos la cuota de inmigrantes, especialmente refugiados provenientes de lugares oscuros como Haití y México. Países como estos huelen a pobreza y corrupción y son amenazas a la seguridad nacional. No podemos permitir que los migrantes corrompan a nuestro pueblo supremo. Si no son blancos, no tienen razón".

La sala resonó en el canto "Si no son blancos, no tienen razón".

"Para disuadir a los indeseables de migrar aquí, aumentaremos las tarifas de procesamiento, las tarifas de visa y las tarifas de ciudadanía. Retrasaremos el proceso de concesión de visas y el proceso para convertirnos en ciudadanos por completo. Independientemente de la razón, dificultaremos que las personas de color que buscan asilo lo encuentren aquí. Los indeseables que cruzan nuestras fronteras tendrán un despertar grosero. Les enviaremos un fuerte mensaje: separaremos a los niños de los padres y mantendremos a los solicitantes de asilo en jaulas durante el mayor tiempo posible".

"¡Amén a eso!", Gritó Redhead.

"Los inmigrantes nos están dando un mal rato, amigos. A pesar de reducir la población negra nativa a través del aborto y otras estrategias creativas, todavía tenemos un problema. Hasta ahora, tres de cada cuatro bebés abortados son negros, y los recién nacidos negros tienen más probabilidades de morir cuando son atendidos por médicos blancos. Nuestra gente está trabajando entre bastidores, pero los inmigrantes nos están abrumando. Como resultado, la población de color continúa aumentando. Por lo tanto, nos vemos obligados a tomar medidas drásticas. Introduciremos métodos de esterilización como la histerectomía para reducir la amenaza. Estamos obligados a enviar un fuerte mensaje a los migrantes y potenciales inmigrantes".

"¡Ya es hora!", Gritó Whatermann.

"¡Espera! ¡Espera!", interrumpió Hipócrito. Estados Unidos es una tierra de inmigrantes. Los caucásicos no tienen más derecho a la tierra que otros grupos de migrantes. Si no me creen, pregúntenle a los indios. Es su tierra la que fue tomada. ¿No crees que la gente verá a través de lo que estamos haciendo?"

"¡No te importe un bledo! Respondió Killyman. "Además de mantener fuera a las personas de color, nuestra postura sobre la inmigración afectará el número de personas que probablemente se unan a las filas con los demócratas. Es solo negocio, amigos; solo negocios. El tamaño y el poder son importantes para nosotros. Reclutaremos caucásicos de Noruega y otros lugares para que se conviertan en ciudadanos. Hagamos que Estados Unidos vuelva a ser blanco. Si queremos tener éxito, necesitamos dominar a la competencia. Las personas de color no nos reemplazarán. Como ya no podemos bombardear la basura de ellos como lo hicimos en Oklahoma, en 1921, necesitamos usar otros métodos para desplazarlos. En Tulsa, los negros eran tan prósperos e independientes que llamaron a la zona Wall Street Negro. Tuvimos que sacudir un poco los Negros para mantenerlos en su lugar. En estos días nos vemos obligados a ser más creativos. Si no lo somos, los medios falsos estarán sobre nosotros antes de que nos demos cuenta. La gente de color no nos reemplazará".

"¡Excelente! ¡Excelente!", exclamó el Sr. Bigote.

Los cánticos reverberaban en la habitación: "¡La gente de color no nos reemplazará! ¡Las personas de color no nos reemplazarán! Si no son blancos, no tienen razón. Si no son blancos, no tienen razón".

"Usaremos medidas creativas para hacer valer nuestra voluntad sobre los negros, aplicando estrangulamientos cuando sea necesario. Cuando terminemos, muchos no podrán respirar".

"No puedo respirar. No puedo respirar", coreaban burlonamente los supremacistas.

"Los que se oponen a nosotros son enemigos. Serán fantasmas o tostados. Los cazaremos en el aire, en tierras y mares. Les daremos una pelea como nunca se ha visto, y seremos proactivos. Con el fin de minimizar el daño colateral a nuestro pueblo supremo, llevaremos la guerra a los territorios enemigos. Aplastaremos cada bolsillo de resistencia".

Aplauso.

El Sr. Killymann continuó: "Señores, nos enfrentamos a una nueva amenaza en términos de guerras cibernéticas. Los ciberdelincuentes nos extorsionan a través de Internet. Pueden cerrar nuestras compañías de petróleo y gas, nuestras cadenas alimentarias, el transporte y, por supuesto, manipular nuestras elecciones. En algunos casos, hemos tenido que pagar para recuperar el control de activos importantes. ¿Te lo imaginas? Los principales culpables son Rusia y China. Responderemos aumentando las sanciones y los boicots, y utilizando nuestra influencia económica y política para contenerlos".

"¡Amén a eso!", Respondió Hipócrito.

"Estamos en el Nuevo Mundo, pero algunas viejas tácticas todavía funcionan. Algunos solo tienen que ser ajustados aquí y allá para reflejar las circunstancias cambiantes. No hay nada nuevo bajo el sol".

"De hecho", comentó Bigote. "¡Amén a eso!"

"Sin duda, estamos obligados a utilizar todos los medios a nuestra disposición para garantizar el éxito en las urnas. Aquellos que ganen la carrera electoral ganarán la guerra racial. Guerra racial o no, ganar elecciones es parte integral de nuestra supervivencia. Es cierto que es imposible ganar todos los escaños. Sin embargo, podemos apilar la baraja a nuestro favor y dibujar la carta de la carrera con un poco de creatividad. Además, siempre podemos unirnos en torno a los sentimientos nacionalistas, el miedo a los negros y los comunistas".

Risa.

"Siempre podemos usar propaganda contra los rivales. Podemos cerrar los colegios electorales temprano en lugares donde es poco probable que ganemos. Podemos exigir pruebas ridículas de identidad para frustrar y suprimir los votos negros. Podemos manipular hábilmente el sistema electoral para robar o invalidar votos. Ganar elecciones lo es todo, amigos. Necesitamos estar en lugares de autoridad para ejercer el poder supremo legalmente. Los jueces y abogados supremos son importantes para nosotros. No podemos permitir que los demócratas introduzcan leyes que empoderen a los negros. Ya no serán serviles y sumisos. Necesitamos mantener a los negros en su lugar. Recuerda que todos los hombres son creados iguales, pero algunos son más iguales que otros. Si no son blancos, no tienen razón. No podemos tener gente de color en posiciones de poder. No hay superpoder sin el poder blanco".

"Poder blanco; Poder blanco", coreaban los supremacistas.

CAPÍTULO 3

Sr. Spindecker

Jefe de Comunicaciones

El Sr. Spindecker caminó enérgicamente hacia el podio. Vestía un traje gris, camisa blanca y corbata roja. La presencia de Spindecker pasó la atención. Todo el mundo parecía estar anticipando algo profundo o esencial. Era carismático y siempre tenía un giro único en las cosas. También se podía confiar en él para producir hechos alternativos.

"Mis hermanos", casi sonando pastoral, "estoy totalmente de acuerdo con el Sr. Killymann".

"¡Sí!", respondieron los supremacistas, golpeando el aire.

"Los medios liberales se han alineado con nuestros oponentes. Son una molestia. Están difundiendo noticias falsas, obligándonos a imponer una mayor conformidad ideológica. Estamos obligados a disciplinarlos. Necesitan ser sometidos a modales pesados y pesados. Cualquiera que no se alinee será vencido. Sin embargo, para contrarrestar necesitamos establecer un medio de comunicación que refleje los valores de los supremacistas. Los medios de comunicación falsos están distorsionando los hechos y nos están socavando. Por lo tanto, crearemos un medio de comunicación de derecha capaz de dominar las ondas. Evitaremos que el lado liberal gane impulso y los superaremos", declaró Spindecker.

"Suena como un plan", comentó Whatermann.

"Esto es lo que propongo", respondió Spindecker. "Sigamos impulsando nuestra agenda, independientemente. Ignora cualquier pregunta que traicione la falta de apoyo, diseñada para atraparnos o ponernos en una mala luz. Si nos acorralan, tendremos que negar o etiquetar lo que dicen como falso y duplicar nuestra verdad. Además, siempre podemos ridiculizar y desacreditar a la oposición. Encontraremos formas creativas de poner en duda su integridad. La mejor defensa es una ofensiva. Los desgastaremos con ataques, manteniéndolos tan ocupados defendiendo que no tendrán tiempo para concentrarse en su agenda o estrategia. ¿Cómo crees que los abogados ganan casos? Desacreditan a la oposición. Es una táctica común. Además, todo el mundo lo está haciendo. Es solo gente de negocios; solo negocios".

Risa.

"¡Camino a seguir!", gritó Politricko.

El Sr. Spindecker reanudó su discurso: "Dirigiremos a nuestros activistas supremos para que se infiltren en el Movimiento Las Vidas de los Negros son Importantes y en los grupos de derechos civiles. Su función es identificar líderes, descubrir sus planes y obtener información sobre las actividades actuales. También jugarán un papel importante en las protestas, incluidos los ataques a la policía, los saqueos y la destrucción de propiedades. Deben garantizar que las protestas no sean pacíficas. Nuestros periodistas supremos destacarán los aspectos negativos de las protestas, asegurando que los negros sean plenamente acreditados por cada actividad negativa".

"¡Sí! ¡Sí!", exclamaron los supremacistas.

"¡Espera! ¡Espera! Todavía no he terminado", afirmó Spindecker. "Para cumplir con nuestro plan, estamos obligados a hacer que nuestro pueblo supremo sienta que los negros son una amenaza para nuestra democracia y forma de vida. Por lo tanto, lanzaremos todo tipo de campañas y fabricaremos pruebas, si es necesario, para apoyar las opiniones de los supremacistas. Etiquetaremos a sus líderes como comunistas o socialistas. Ustedes saben cómo nuestro pueblo supremo odia estas ideologías. ¿No es así? Convenceremos a nuestro pueblo de que estos grupos de izquierda quieren quitarle sus libertades, incluido el derecho a portar armas. Seguiremos diciéndoles que los inmigrantes son malas personas y están trayendo drogas y enfermedades infecciosas en nuestro país. Proyectaremos imágenes de belleza, éxito y poder como exclusivamente blancas. Proyectaremos imágenes de fracaso, crimen y violencia, enfermedades y enfermedades asociadas principalmente con los negros. Haremos todo lo humanamente posible para ocultar o minimizar sus logros. Lanzaremos campañas de propaganda, como las que el mundo nunca ha visto. Sin embargo, no lo llamaremos propaganda; lo llamaremos desinformación. En tiempos de guerra, la desinformación hábilmente desplegada es tan útil como la información precisa. La intención es la variable general. Por ejemplo, hemos utilizado la desinformación para invadir Irak y derrocar al régimen de Sadam, y la hemos utilizado para engañar a nuestros enemigos. Estamos en guerra, señores; estamos en guerra. Por lo tanto, todo está sobre la mesa. Los comunistas no son los únicos expertos en desinformación, ya sabes. Usaremos amigos en los medios de comunicación para impulsar nuestra agenda, crear las noticias y determinar qué es de interés periodístico. La mayoría de las personas son ingenuas y creerán cualquier cosa que escuchen o lean en los medios de comunicación".

Risa.

"¡Espléndido! ¡Espléndido! ¡Hagámoslo!", declaró Red-head.

Spindecker continuó: "Atacar y destruir constantemente a los negros son las mejores maneras de mantenerlos temerosos y mantenerlos en su lugar. Aterrorizaremos la vida de ellos. Debemos capacitar y debilitar, amigos; capacitar y debilitar. Los negros deben temernos y sobornarse. Dividiremos y venceremos. Sembraremos discordia entre ellos, haciéndolos desconfiar unos de otros. Unidos no tendremos dificultad para contener la amenaza. Reclutemos a algunas de sus propias personas para que trabajen para nosotros. Todo el mundo tiene una agenda o necesidad, ya sabes. La clave es identificar lo que es y ofrecer cumplirlo a través de un acuerdo quid pro quo. Muchos ya saben jugar a la pelota. Dale a los negros un poco de poder, e imitarán el comportamiento de los antiguos maestros. Ser maestro es ser fuerte, es decir, duro o despiadado. Como representantes, los honorables blancos serán nuestros activos en el campo. Haga que las personas de color se suelten en sus comunidades, y veamos qué sucede. Garantizaré que se resolverá la mitad del problema. Serían como cangrejos en un barril, en el sistema que hemos diseñado. Los revisamos y se aparean entre sí".

Risa.

"¡Poder blanco! ¡Poder blanco!", coreaban los supremacistas.

"Si una persona negra tiene un problema, rara vez hay un intento de reconciliación privada. En cambio, hay escándalo público y condena. Los negros están más inclinados a denigrar que a celebrar o elevar, a menospreciar que a levantar. Es el ego en el trabajo, el síndrome mejor que se activa, ayuda e instiga el espíritu de la competencia. Algunos dirían: 'El diablo me hizo hacerlo', cambiando la responsabilidad del hombre en el espejo al hombre de dolor. Siempre podemos usar esto a nuestro favor".

"¡Divide y vencerás!", gritaron los supremacistas al unísono.

"El ego anula las sensibilidades incluso en la religión. En épocas pasadas eran los judíos contra los gentiles, descritos como perros. Siguieron "guerras santas" entre católicos y musulmanes. Más tarde fueron los católicos contra los protestantes, castigando a cualquiera que no se ajustara al catolicismo romano. Hoy el Islam está dividido contra sí mismo, algunos musulmanes asesinando y de otras maneras persiguiendo a los "infieles", personas que no están dispuestas a abrazar el Islam. El cristianismo tiene múltiples denominaciones. Cada denominación afirma ser mejor que las demás. Proliferan los cultos dirigidos por locos, narcisistas u hombres egocéntricos. En nombre de la libertad de religión, incluso el diablo tiene un asiento en la mesa. ¡Hasta aquí la inteligencia espiritual!"

"¡Tanto por la inteligencia espiritual!", se hicieron eco los supremacistas.

"El ego es la raíz del elitismo y otras formas de chovinismo. Aunque los negros pueden no ser racistas, y sé que lo son, puedes apostar tu último dólar a que son elitistas. Muchos que se quejan del suprema cismo en Estados Unidos no son mejores que nosotros. En la India un sistema de castas está arraigado en la cultura. El clasismo es parte del tejido del Caribe, y es evidente en otras partes del mundo, afectando incluso a la religión".

"Todo el mundo lo está haciendo", comentó Spindecker.

"Hecho popular principalmente por el feudalismo, existían varios sistemas de clases en Europa. Los colonizadores a su vez siguieron un patrón similar en la institución de la esclavitud. No ha cambiado mucho desde la abolición, en lo que respecta a la estructura de la sociedad. La sociedad está estratificada y el elitismo es un contagio generalizado. Además, dado que la mayoría ve la vida en términos de competencia, siempre podemos confiar en que el ego influirá en los pensamientos y el comportamiento. A causa del ego, el síndrome mejor que mejor que se adquiere y nutre fácilmente. La información obtenida sobre los oponentes nos permite presionar el botón correcto, avivando el fuego, por así decirlo, convirtiéndonos en el verdadero piloto. Conocemos a los negros y sabemos cómo presionar su botón. Las personas de color son emocionalmente poco inteligentes, lo que las hace fáciles de controlar".

Risa

"Usaremos a miembros del Negro Klan para ayudar a mantener a los negros en línea y para actuar como espías. Les pagaremos generosamente por información que pueda ser utilizada contra su pueblo, especialmente contra los líderes. ¿No dijo Hoover que la unidad negra es la mayor amenaza para Estados Unidos? ¿No es así? Dividiremos y conquistaremos aún más a la gente; divide y vencerás. ¿Cómo crees que hemos sido capaces de explotar los recursos de otros países, derrotar a nuestros enemigos y establecer gobiernos alineados con nuestros intereses?"

"¡Divide y vencerás!", gritaban los supremacistas.

Spindecker continuó: "Divide y conquista a la gente; divide y vencerás. Esto es más fácil de hacer en lo que respecta a los negros. Los negros ya están divididos y se vuelven fácilmente el uno contra el otro. Son el grupo étnico más tribal del planeta".

Risa.

"Hace años, este tipo de Jamaica comenzó un Movimiento Panafricano orientado a unir y elevar a las personas de ascendencia Africana. Creo que su nombre era Marcus Garvey. Garvey fracasó estrepitosamente. Hicimos un gran trabajo bloqueando y haciendo una lista negra de Garvey que no pudo regresar a su propio país. El gobierno jamaiquino lo declaró persona non grata. Si Garvey hubiera tenido éxito, estaríamos rogando a los negros que vinieran aquí. Serían asquerosamente ricos, ya sabes. ¿Sabías que en términos de recursos naturales África tiene la mayor parte de la riqueza mundial? Sin embargo, es el secreto mejor guardado de los negros. De lo contrario, son demasiado pobres para extraerlo o no saben cómo hacerlo. Tenemos el dinero; tenemos el conocimiento; tenemos el poder. Dar es una inversión que hacemos para obtener lo que queremos tomar. A los líderes africanos no les importa mirar hacia otro lado, siempre y cuando contribuyamos a su fondo personal. Como he dicho antes, satisfacer la necesidad o la codicia te hará tener éxito. Todos actuarán como si estuvieran fumando marihuana. Obtendremos las llaves del reino, amigos; obtendremos las llaves del reino. Hemos estado tomando sus recursos durante años y recibiendo pagos en el proceso. Damos, y tomamos".

Risa.

"Desafortunadamente para ellos, pero afortunadamente para nosotros, los negros son tribales, y la mayoría son egocéntricos. El mantra es 'cada hombre para sí mismo y Dios para todos nosotros'. Como resultado, se corrompen fácilmente. Todos tienen un precio, y el precio no tiene que ser dinero. Es por eso que es tan fácil usar a los negros unos contra otros".

"Los usaremos unos contra otros. Una casa dividida no puede soportar. El enemigo interior es más peligroso que el enemigo fuera. Los usaremos para luchar entre nosotros y para ser nuestro activo en lugares difíciles de alcanzar. Como espías, tendrán facilidad de acceso y múltiples formas de hacer daño; Además, la persona enterada no se olfatea fácilmente, sin mencionar el elemento sorpresa. Además, las mentiras de familiares y amigos son más creíbles. Una mentira piadosa llevada por una persona negra puede hacer mucho daño. En comparación con una mentira negra, es como dinamita para bombardear. Hagámoslo. Nunca se sabe cuándo uno podría ser necesario", declaró Politricko.

"Todo lo que necesitamos son unos buenos manejadores. Los activos adquiridos resolverán la logística. Si las cosas van hacia el sur, tenemos la opción de distanciarnos o retirar los activos. Todo el mundo es gastado, amigos; todos son prescindibles", declaró Evildumb.

"¡De hecho! Todos son prescindibles, y cualquiera puede ser explotado. Vale la pena investigar la propuesta. El espionaje es una estrategia probada y comprobada y nunca se volverá innecesario. Además, todo el mundo lo está haciendo. El conocimiento es poder, amigos; el conocimiento es poder. Nunca se sabe cuándo podría tener que usarlo como apalancamiento. Espiamos a nuestra propia gente suprema todos los días; ¿No es así? Hacemos esto, no porque no haya confianza, sino porque necesitamos pruebas de confiabilidad. No todos los negros tienen la espalda de su hermano, y no todos los blancos hacen lo correcto. Siempre es mejor estar a salvo que lamentarse. ¿No te parece? En estos días no podemos dar nada por sentado. Incluso los miembros de la familia se vuelven unos contra otros, a veces sin provocación, a menudo por envidia y codicia", respondió Whatermann.

"¡Tan cierto! ¡Te sorprendería lo que una persona motivada por la envidia o la codicia es capaz de hacer! El asesinato de Caín de su hermano, Abel, tuvo sus raíces en la envidia. ¿No fue así? Por la misma razón, los hermanos de José planearon asesinarlo, pero lo vendieron como esclavo. Hoy los hermanos siguen asesinando hermanos y vendiéndose unos a otros", respondió Politricko.

"¡De hecho! La envidia y los celos añaden leña al fuego de los necesitados y codiciosos, haciéndolos hacer lo indecoroso. Muéstrales lo que ganarán, y la mayoría se volverá. Muéstrales la ganancia y se burlarán del dolor. Los codiciosos y necesitados a menudo van acompañados de celos, y los envidiosos están en todas partes. Los incultos a menudo sienten envidia de los educados, los pobres de los ricos, los simples y feos de los atractivos, los malos de los buenos, y las personas del mismo nivel a menudo compiten entre sí. La preocupación última es el dinero. El amor por el dinero es una ruta importante hacia todo tipo de maldad, amigos. Muchos han arruinado sus vidas y las vidas de otros por ello. Es fácil controlar y corromper a la gente con él Uno solo necesita dimensionar la situación y jugar bien sus cartas. Es así de simple", intervino Hipócrito.

"El dinero responde a casi todos los problemas", comentó Finesse.

"¡Justo sobre eso! El dinero hace que incluso el tonto y corrupto parezca aceptable. Permite a un hombre feo encontrar a una mujer bonita, y a algunos salirse con la suya con el asesinato", respondió Bigote.

Risa.

Olvidando que estaba en una reunión, el Sr. Bigote estalló en un baile, cantando "¡Mo-ney! ¡Mo-ney! ¡Mo-ney!"

"¡Ha-le-lu-jah!", Gritó Hipócrito.

Redhead intervino: "El dinero es el mejor amigo de un hombre y los que tienen dinero son amigos de hecho".

Risa.

"El dinero nos da el poder de lograr cualquier cosa en el mundo. A cuenta de nuestro dinero, tenemos activos en todas partes. Estos activos nos permiten golpear a cualquier persona, organización o nación política, económica, espiritual, psicológica, social, física y ambientalmente. Además, somos capaces de librar la guerra en varios frentes simultáneamente. Siempre estamos aumentando nuestros activos y desarrollándolos para trabajar con mayor eficiencia", declaró Redhead.

"¡Amén a eso! Sin embargo, el dinero no siempre es el motivo para girar. Siempre hay alguien en la red de personas negras, a veces un rival envidioso y lo suficientemente egoísta que se venderá en la gota de un sombrero. Otros son fácilmente engañados y creerán cualquier cosa que les digamos. Les decimos a los activos potenciales lo que quieren escuchar o los convencemos de creer lo que les decimos. Nuestra red de espionaje está altamente capacitada en el arte del engaño y en la difusión de información errónea. Nos gusta particularmente usar a personas de la misma etnia para trabajar unos contra otros y convertir a vecinos, colegas, amigos y familiares. Tienen facilidad de acceso a su ventaja y son capaces de parecer confiables y creíbles en virtud de la relación. Una vez que se complete la capacitación, los activos serán leales y estarán dispuestos a hacer lo que sea necesario para asegurar y promover nuestro interés. Estarán dispuestos a eliminar cualquier objetivo. Golpear a familiares y amigos no será un problema. ¿Cómo crees que nos deshicimos de Malcolm?"

Risa.

"Escuchar un hit no tiene que ser físico. Puede ser espiritual, económico, social o político. Tenemos recursos para derribar a cualquiera. Todo el mundo tiene una debilidad o debilidades. Todo lo que hay que hacer es identificar las áreas de vulnerabilidad y explotarlas. ¿Qué mejor persona para obtener esa información que un amigo cercano o un miembro de la familia?", preguntó Evildumb.

"Te digo algo, no me gustan las ratas, pero las usaré de todos modos. Hagamos esto", dijo Redhead.

Risa.

"Te sorprenderías de lo que uno puede lograr gratis en estos días", se reincorporó a Evildumb. "La clave es aprovechar su red. La vid le dará toda la información que se necesita. Además, en estos días Internet ha hecho que acceder y compartir información sea muy fácil, sin mencionar las redes sociales como Facebook. A la gente le encanta presumir en Facebook. Facebook es un dios al que reportamos todos los días. Nos registramos con nuestras historias y solicitudes más a menudo de lo que oramos. Cualquiera que sea alguien aparece y se conecta con otros cuerpos. La gente pone su negocio en el dominio público y cotillea indiscriminadamente. Las mentiras y la verdad se mezclan, lo que a veces dificulta determinar los hechos de la ficción. Además, Photoshop nos ha permitido fabricar todo tipo de pruebas. Además, la gente mentirá por ti si les gustas, si perteneces al mismo club o si el precio es correcto. Una sola mentira puede destruir la reputación de una persona. La mayoría de las veces no cuesta nada, incluso si se descubre. Mentir no es un delito, ya sabes. Y las leyes no están abordando las travesuras públicas".

Risa.

"A veces todo lo que uno tiene que hacer es alimentar al público con buenas mentiras piadosas. Suficientes mentiras plantadas harán que la verdad no sea deseada, que los mentirosos sean apoyados y que las buenas personas sean suplantadas. Podemos destruir fácilmente a los negros con mentiras, ya sabes. ¿Cómo crees que tenemos tantos hombres negros en la cárcel? Las mentiras blancas son creíbles y aceptables tanto para los blancos como para los negros".

Risa.

“Podemos plantar evidencia o fabricar suciedad en cualquier persona. Una vez que ponemos tierra por ahí, la historia cobra vida propia. ¡Auge! Se acabó todo. El objetivo se colgará para que se seque. Algunos no obtendrán un trabajo decente, ya que los empleadores prefieren errar por el lado de la precaución. Invariablemente, las personas imperfectas están dispuestas a arrojar a otros debajo del autobús, a veces por cometer el mismo “crimen” que han cometido. Sea como fuelo, también podemos amordazar a cualquiera que no esté de acuerdo con nosotros. Además de etiquetarlos como falsos, podemos censurar sus palabras como discurso de odio o atarlos en los tribunales y en investigaciones prolongadas. Los ataremos y los desgastaremos”.

Risa.

“Una vez que se cuestiona la integridad de una persona, se asume la culpa. La mayoría no confrontará al acusado para determinar los hechos. Una acusación o investigación es lo suficientemente buena. La gente parece estar conectada para aceptar fácilmente un informe negativo. Además, las personas imperfectas a menudo están dispuestas a tirar a otros debajo del autobús, algunas veces por lo mismo que han hecho. Incluso sin evidencia, algunos insistirán en que debe ser casi verdadero, si no totalmente cierto. Como tú y yo sabemos, muchas veces está lejos de ser verdad. Las cosas no siempre son lo que parecen. Afortunadamente para nosotros, el acusado suele ser el último en saber lo que está pasando, algunos nunca viven lo suficiente como para averiguarlo. 'Los hombres muertos no cuentan cuentos', ¿verdad?"

Risa.

"Los teléfonos celulares anteriores y las redes sociales, la policía y otros prácticamente se han estado yendo con la suya con el asesinato".

Risa.

"Puedes salirte con la suya con cualquier cosa por el precio correcto, amigos. Todo el mundo tiene un precio. La lealtad es cosa del pasado. La mayoría de las relaciones son transaccionales, ya sabes. Los seres humanos son por naturaleza egoístas. Muéstrales a algunas personas el dinero o cómo se beneficiarán y es probable que las ganes. Hazles una oferta que no puedan rechazar. La gente se venderá si el precio es correcto, o por la razón correcta. Algunos incluso mentirán si es necesario. Los amigos mienten para salvarse a sí mismos; los enemigos y los competidores mentirán para destruir a la competencia; los médicos mienten para protegerse unos a otros, la policía miente para cerrar un caso, y algunos son solo mentirosos confusos".

Risa.

"En tiempos de guerra, la desinformación es tan útil como la verdad. Los especialistas en desinformación y propaganda también son útiles en política. Su trabajo se hace más fácil en estos días. Cortesía de Internet y las redes sociales, hay una variedad de plataformas, que pueden usarse para engañar a individuos y organizaciones específicas, y para ejecutar campañas de desprestigio. Las técnicas engañosas son herramientas en el comercio de abogados, políticos, espías, investigadores y otros. Lo que sea. Además de las redes sociales, los emprendedores sociales se desensa con el oficio a nivel personal. Es difícil juzgar por la apariencia, ya que muchos usan máscaras y otros accesorios engañosos. Las cosas no siempre son lo que parecen. No siempre es posible leer el lenguaje corporal, ya que las personas son buenas para fingirlo. Y leer los labios de una persona en estos días es tan difícil como leer su corazón. Las personas no siempre dicen lo que quieren decir y pueden expresar su lenguaje de maneras que podrían conducir a múltiples interpretaciones. Además de las preguntas engañosas, las personas pueden ser conducidos a estar de acuerdo o confesar cosas que no son ciertas. Poner palabras en la boca de las personas y liderar testigos son estrategias comunes. Además, algunos le dirán a otros lo que quieren escuchar para callarlos o para parecer solidarios; además, hay silencio en el medio. Tenga en cuenta que el silencio no siempre significa consentimiento. También es importante discernir lo que no se dice. Desafortunadamente, lo no dicho rara vez se lee. Se queda con los vivos y los muertos. Aunque el verdadero conocimiento debe permanecer con unos pocos elegidos para que podamos imponer nuestros puntos de vista. Nos aseguraremos de que las escuelas en códigos postales donde la población es predominantemente negra sean de una calidad diferente a las escuelas donde la población es predominantemente blanca. Dificultaremos que los negros accedan a la educación superior o asistan a la universidad. Sin embargo, no podemos darnos el lujo de ser demasiado transparentes. Debemos fabricar mientras pretendemos educar".

“Todos mienten”, comentó Hipócrito.

“¡Precisamente!”, replicó Spindecker. “Todos contamos historias, por una razón u otra, sobre todo cuando nos conviene. Sigue contando la misma historia una y otra vez y muy pronto la gente lo creerá. Generalmente es más fácil creer una mentira que la verdad de todos modos. Las mentiras se propagan como la pólvora, y la verdad queda atrapada en medio del lodo. Además, muchos no pueden manejar la verdad. Nada se vende como una buena mentira piadosa. Las malas noticias son entretenidas. La verdad es aburrida. ¿Por qué crees que hay tantas malas noticias en los medios? Los medios de comunicación buscan un chisme jugoso o malas noticias, y lo sensacional izan, y la gente lo engulle, engancha y sumí. Las malas noticias venden, amigos; las malas noticias venden”.

Risa.

“La gente no ama lo suficiente como para confrontar o hacer su investigación. Además, la mayoría son crédulos y se inclinan a creer mentiras, disfrutar de chismes y jugar el juego de espías. La mayoría no se beneficiará de la duda. Preferirán errar por el lado de la precaución. En tales casos, las víctimas serán consideradas culpables hasta que se demuestre su inocencia. Para cuando se demuestre la inocencia, ya se habría hecho mucho daño. Si no se demuestra, las víctimas vivirán bajo una nube de culpa y duda. Sigan plantando semillas de duda, amigos. Las semillas de la duda los echarán fuera”.

Risa.

“Continuaremos dividiendo y conquistando. Disiparemos, amputaremos, alienaremos y limitaremos su capacidad de procrear. Manipularemos, diezmaremos y dominaremos”.

Los supremacistas estallaron en un canto: "¡Poder blanco! ¡Poder blanco!"

"La mayoría son crédulos, ya sabes. Dales lo que desean consumir y lamen el plato limpio. Dígales lo que desean escuchar, y usted será el amigo más querido. Las personas de la mentira tienen grandes dificultades para aceptar la verdad, y debido a que no les gusta el mensaje puede disparar al mensajero. La verdad incómoda puede hacer que te maten, ya sabes. No es de extrañar que siempre pueda apostar a que las personas elijan la conveniencia por encima de los inconvenientes y a sí mismos por encima de los demás. La mayoría son egoístas de todos modos. La vida es lo que es. Es cada hombre para sí mismo, amigos, y Dios para todos nosotros. Los blancos no pueden permitirse ser así, ¿verdad?"

Risa.

"A veces tenemos que estirar un poco la verdad para tener éxito o sobrevivir. De hecho, plantar semillas de duda nos dará cierta influencia. Recuerda eso. Los lanzamientos de dudas crearán parias. Incluso en las iglesias, las personas se socavan entre sí simplemente diciendo cosas como: 'necesitamos orar por el hermano eso y tal, o la hermana tal y tal'. Eso es suficiente para hacer que otros cuestionen la integridad de la persona. A menudo, no es lo que se dice, sino cómo se dice. Las insinuaciones son semillas de duda que tienen mucha influencia. Puedes usarlos para destruir a cualquiera si sabes cuándo y dónde plantarlos. Las semillas de la duda nos ayudarán. Causarán confusión, ayudándonos a crear ilusión. Las cosas no siempre son lo que parecen".

Risa.

"¡Escucha! ¡Escucha! Siempre podemos usar personas "creíbles" para hacer cosas increíbles. Las debilidades no se limitan a ciertos tipos de personalidad o profesiones, ya sabes. Cualquiera puede verse comprometido. Algunos harán lo increíble por ignorancia, otros por arrogancia, algunos por venganza, algunos por envidia, algunos por ambición egoísta y otros por ganancia monetaria. Es posible que nunca se sepa la razón o la fuente del dolor, y no siempre se trata de ganancias monetarias".

"Es lo que es", coreaban los supremacistas.

"Como dice el Buen Libro: 'El brazo de carne te fallará; no te atreves a confiar en los tuyos'. La confianza es un problema en todo el mundo. Hay tanta gente falsa. A veces es difícil discernir a los que son verdaderos de los falsos. Para ocultar inseguridades y malas intenciones, muchos usan máscaras. Incluso las personas consideradas amables y respetables derribarán a los amigos para elevarse. El ego es una perra. No confíes en nadie".

"No confíen en nadie", se hicieron eco los supremacistas.

"En otra nota: algunas personas, sin saberlo, quedan atrapadas en rumores y, sin saberlo, difunden mentiras. Hablan con certeza de lo que no saben, porque alguien 'creíble' y que 'debería saber' lo dijo".

"Así es la vida", opinó Hipócrito.

"La gente rara vez se detiene a pensar que las personas creíbles pueden estar mal informadas y pueden verse comprometidas. Además, algunos son lo suficientemente arrogantes como para equiparar la ignorancia con la inexistencia. En otras palabras, dado que no son conscientes de algo, debe ser inexistente o falso. Además, las suposiciones a menudo se basan en una serie de factores, incluida la posición social, el color de la piel, la dirección o el código postal".

"Roger eso", respondió Finesse.

Spindecker continuó: "El conocimiento es poder, amigos. Es esencial tener un perfil preciso de las personas para que podamos aprovechar ese conocimiento a nuestro favor. Sea como fuer, la negación y el cambio de culpa son estrategias simples y comunes, que pueden usarse para lograr un fin deseado. Todas las compañías de seguros le dirán que nunca acepte la culpa; la negación es parte del juego. Siempre es falso o culpa del otro, ya sabes. Adán hizo lo mismo. Cuando se le confrontó sobre su pecado, Adán culpó a la mujer, y luego culpó a Dios por darle una mujer en primer lugar. Solo somos humanos, amigos; sólo humano. Es culpa de Adán. Nunca debería haber escuchado a Eva. Siempre desvíe la responsabilidad; siempre desviar. Los abogados le dirán que a menudo es el mejor mentiroso quien gana el caso. En aras de la supervivencia, estamos obligados a mentir a veces. Si no ganamos, no sobreviviremos. Una mentira blanca es, por lo tanto, una buena mentira. Si no son blancos, no pueden tener razón. Además, todo el mundo lo está haciendo. No queremos ser perdedores; ¿Lo hacemos? ¡Demonios no!"

Risa.

"En el análisis final, independientemente de lo que digamos o hagamos, siempre ganaremos con algunos y perderemos con otros. Nuestro 47 por ciento está intacto y no sucumbirá al ataque negro. Es la supervivencia de los más inteligentes, amigos; supervivencia de los más inteligentes. Ser inteligente también te hace apto para sobrevivir. La blancura no es sólo rectitud; es brillo. La brasa sin cerebro nos hará perder el juego. Si no somos inteligentes, nos sumergiremos en la colmena y seremos comidos vivos. No podemos transigir. Tenemos que ser sabios".

"¡Poder blanco! ¡Poder blanco!", coreaban los supremacistas.

"Es evidente que todos moriremos algún día. Pero mientras estemos vivos, debemos disfrutar del viaje y vivir bien".

"¡Amén a eso!", Gritó Hipócrito.

"Un hombre debe vivir salvaje y vivir bien. Solo tenemos una vida para vivir. Vamos a vivirlo. Al igual que hicimos con los indios, explotaremos las debilidades y tomaremos recursos. Guardaremos el nuestro para un día lluvioso. En lo que respecta al continente africano, la estrategia es mantener a los países africanos divididos e inestables para que podamos llevarlos a la limpieza. Nuestros activos en lugares altos y bajos están bien ubicados para cumplir con la misión. Utilizaremos nuestros vastos recursos para controlar los medios de comunicación e informar a la opinión pública. Tomaremos todas las medidas para mejorar nuestra capacidad de poner o derribar a cualquier persona, organización o gobierno".

"¡Poder blanco! ¡Poder blanco!", coreaban los supremacistas.

"Como la nación más poderosa del planeta, todos nos

buscan validación y temen hacer algo sin nuestra bendición. Además, nuestra influencia con el FMI, la ONU y los grupos humanitarios, etcétera, nos da mucha influencia para hacer lo que queramos. Nuestra presencia en África es significativa y no disminuirá. Necesitamos a los africanos, y ellos nos necesitan a nosotros. Pero tenemos que mantenerlos en la oscuridad. Además, es preferible que se queden en su propio país. Solo queremos a los extremadamente talentosos en Estados Unidos, como sus mejores científicos, médicos, enfermeras, educadores y otros profesionales".

"¡Amén a eso!", estuvo de acuerdo Redhead.

"Siempre estaremos en África para ayudar a los africanos. Ya tenemos una fuerte presencia allí a través de nuestras embajadas, la ONU, la CIA, el ejército y varias organizaciones de ayuda. Usaremos estos y otros activos para ayudarlos y para ayudarnos a nosotros mismos. La CIA penetrará en sus ejércitos y fuerzas policiales, bajo el pretexto de proporcionar entrenamiento gratuito. A todo el mundo le gusta gratis: ayuda médica gratuita, comida gratis, capacitación gratuita, etc. Los convenceremos de que nos necesitan y de que estamos comprometidos a ayudarlos de forma gratuita en su lucha contra los terroristas y extremistas. Al mismo tiempo, les venderemos armas de tercer grado y les daremos lo que ya no necesitamos o podemos usar legalmente: cosas caducadas y obsoletas. Esto nos dará las llaves del reino, amigos".

Risa.

"No somos los únicos que jugamos este juego con africanos, ya sabes. Los británicos, los franceses, los holandeses y muchos otros, han utilizado estrategias similares para lograr objetivos similares. Los chinos ahora se han metido en el juego y nos están ganando en ello. Están otorgando préstamos, construyendo carreteras y otras infraestructuras en los países en desarrollo, y están ampliando su influencia en todo el mundo. Curiosamente, toda la mano de obra y el material requeridos provienen de China. China se ha estado posicionando estratégicamente para ser la superpotencia dominante. Su influencia se está expandiendo rápidamente en la India, África y el Caribe. ¿Por qué? China sabe dar y tomar".

Risa.

"La vida se trata de dar y recibir. Es como jugar una partida de ajedrez. Tienes que conocer las reglas, prever los movimientos y adelantarte a la oposición. Das, y luego tomas. Das secuaces y te llevas millones. Pero necesitas saber cuándo. Aunque el tiempo es importante, debes estar preparado para aprovechar el momento. Como un buen explorador, debes estar preparado. Esto implica estudiar constantemente a los oponentes, perfeccionar las habilidades y ser paciente. ¡Una vez que hayas dominado el juego, wahala!"

Risa

"Conéctate con los necesitados o los codiciosos. Solo plug and play. Si eso no funciona, entonces necesitas encontrar algo de suciedad. La mayoría ha tenido un pasado sórdido, y hay un esqueleto en cada armario. Encuéntralo y recurre al *whitemail*. *Whitemail* es mejor que chantaje en cualquier momento, ya sabes. Es más sutil y no hay dinero de por medio. Además, la sociedad se basa en la suposición de que el blanco y el poder siempre tienen razón. Encuentra formas y medios para asesinar al personaje de Colored People. Si chirriante limpio, entonces necesitas degradar. Si no cooperan, te ves obligado a asesinar. Si dan, no tomarás".

Risa.

"La vida se trata de dar y recibir. Como dicen, 'No hay tal cosa como un almuerzo gratis'. En cuanto a la negociación con la oposición, debemos estar dispuestos a aceptar el mejor acuerdo que podamos obtener. Estamos obligados a dar algo para conseguir algo. Un ganar-ganar, lo llaman. Solo tenemos que casar a nuestro chico con su chica, para poder celebrar después. No hay necesidad de cortarnos la mente para despreciar nuestras caras. Lanzamos una moneda en lo que respecta a los negros: es una cabeza que ganamos la situación y la cola que pierden. Es una forma de truco: nosotros engañamos, y ellos tratan", dijo Spindecker.

Risa.

"Mira, un truismo ya no es popular. Algunos ni siquiera creen que todavía exista. Es un perro que come el mundo de los perros, amigos. Debido a que el egoísmo es la norma, una persona que es demasiado amable puede ser sospechosa de tener motivos ocultos o de obtener su dinero ilícitamente. En estos días debemos tener cuidado con cómo se hacen los sacrificios y cómo se da la ayuda. Además, no queremos habilitar inadvertidamente la dependencia. Tenemos que estar atentos también a las personas que se aprovechen y exploten nuestra generosidad. Al final del día, ya que somos parte del sistema, o jugamos el juego o nos convertimos en él. Es la supervivencia de las personas más afiladas; la supervivencia de las más aseadas. "

"Supervivencia del más apto", se hicieron eco los supremacistas.

"Necesitamos ser fuertes para sobrevivir. Los débiles están muertos. Los sobrevivientes tienen cicatrices, pero al menos viven para ver otro día. Con suerte, aprenderemos de los errores, nos volveremos más fuertes y sentaremos las bases para un futuro mejor", declaró Whatermann.

"El Señor da y el hombre quita", comentó Hippocritus.

"¡De hecho! Necesitamos ser fuertes para guardar lo que el Señor nos ha dado e igualmente fuertes para evitar que otros lo tomen. Si no somos fuertes, perderemos lo que tenemos. La inflación podría tomarlo; los ladrones podrían robarlo, y el gobierno podría llevándolo. Si nunca lo usamos, no hay valor ni ganancia ni sentido mantenerlo. También hacemos que sea más fácil para otros reclamarlo. Lo que sea que tengamos, estamos obligados a trabajarlo y beneficiarnos de ello".

Spindecker respondió: "Amén a eso".

"El buen libro dice que a todos los que tienen se les dará más y tendrán abundancia, pero del que no lo ha hecho, incluso lo que tiene será quitado", se reunió Hippocritus.

"¡Predicadlo hermano! Según Mardoqueo 5:6, el Señor ayuda a los que se ayudan a sí mismos", declaró Redhead.

"¡Espera! ¡Espera! No hay tal libro o versículo en la Biblia. Además, esas palabras no existen en ninguna parte de las Escrituras", comentó Hippocritus.

Risas escandalosas.

"El punto es que necesitamos ser buenos administradores de lo que Dios ha dado. Hemos sido bendecidos con riqueza y con seres menores, entre otras cosas, para ayudarnos a cumplir la voluntad de Dios en la tierra. Desafortunadamente, todos no pueden manejar la riqueza y el poder que viene con ella. Además de la ignorancia, muchos están confundidos acerca de lo que quieren de la vida y no pueden manejar el poder. Sabemos lo que queremos; podemos manejar el dinero y el poder que viene con él. Amigos, cuando tenemos dinero, podemos influir en las personas, obtener más dinero y lograr cosas más grandes para nuestra gente suprema. Se necesita dinero en efectivo para cuidar, amigos. Se necesita dinero en efectivo para cuidar. No podemos cuidarnos a nosotros mismos sin dinero, más aún cuidar a los demás. Además, si queremos magnificar nuestra voz en este mundo, necesitamos dinero. Nada influye más que el dinero. El dinero convence de cosas invisibles y hace cumplir nuestro sueño. Cuando tenemos dinero, la gente nos escucha y nos siente. El dinero gana amigos e influye en las personas, amigos. Por lo tanto, creemos en dar poder al dinero", explicó Spindecker.

"¡Poder al dinero!", coreaban los supremacistas.

"Te sorprenderás de lo que esta generación narcisista hará por dinero. Algunos matarán a sus padres, otros miembros de la familia o amigos. Solo muéstrales el dinero", declaró Politricko.

"Solo muéstrales el dinero", se hicieron eco los supremacistas.

Finesse intervino: "Sigue el dinero. Si no sigues el dinero, no habrá miel. Sigue el dinero".

“Sigan el dinero”, se hicieron eco los supremacistas.

“Seamos realistas. Nadie es atractivo sin dinero. El dinero hace que incluso un tipo feo como yo se vea muy bien”, bromeó Evildumb. “Poder al dinero”.

Risas incontrolables.

Todos comenzaron a cantar: “¡Poder para el mo-ney! ¡Poder al mo-ney!”

“Para servir al bien común, estamos obligados a hacer lo que sea necesario para permanecer en el poder, incluso si tenemos que obtener una vez más la ayuda de Rusia. Nuestro pueblo supremo ya está en su lugar para hacer que Estados Unidos vuelva a ser grande. Están listos para hacer cumplir nuestra voluntad. Es imposible que perdamos las próximas elecciones. El Sr. Redhead ya se ha hecho con ello. Si no son blancos, no tienen razón, amigos. La gente de color no nos reemplazará”, declaró Spindecker

“La gente de color no nos reemplazará”, se hicieron eco los supremacistas.

CAPÍTULO 4

Sr. Sickering

Jefe del Departamento de Salud

Una criatura baja, obesa y calva apareció en el escenario escupiendo un bigote, pareciendo a Santa sin barba. Este fue el Sr. Sickering, Jefe del Departamento de Salud. Sickering habló en un indescriptible dibujo sureño.

"Es hora de que pongamos fin a este sinsentido que tiene lugar en nuestro país. He estado pensando en ello durante mucho tiempo y tengo algunas ideas. Sugiero que legalicemos el aborto y lo hagamos fácil de obtener por cualquier persona, incluidos los menores de edad. Para tener control sobre su administración, dejaremos que el gobierno lo financie. Bajo la bandera de Pro-elección, podemos usar el sistema de salud para apuntar a los negros y reducir significativamente la población con el tiempo. Unámonos al Movimiento Pro-elección e impulsemos su agenda. Después de todo, una mujer tiene derecho a hacer con su cuerpo lo que quiera. ¿No es así? Es su cuerpo y su hijo. El niño por nacer es un pupilo de la madre, no un pupilo del estado. Es mejor para ella deshacerse de él, antes de que se convierta en un pupilo del estado. Se necesita dinero en efectivo para cuidar a la gente; se necesita dinero en efectivo para cuidarlo".

"¡De hecho!", Respondió Spindecker. "Se necesita dinero en efectivo para cuidar".

Reanudando su discurso, Sickering declaró: "El plan de la gente en la izquierda es el mismo que el de la derecha. Ambos apoyamos la eugenesia, y todos queremos ganar votos e influir en la gente. Para lograr nuestros objetivos, debemos ganar elecciones. El voto femenino es crucial. Firmar en Pro elección mejorará nuestras posibilidades. Esta pequeña concesión vale la pena. Tenemos que pensar en el bien mayor, amigos; piensa en el bien mayor. Además, al firmar Pro-elección podemos emplear técnicas encubiertas para matar a los bebés por nacer y administrar esterilización para evitar que las madres potenciales desprevenidas vuelvan a quedar embarazadas. Hoy en día, tres de cada cuatro abortos involucran a bebés negros. Esto es más de dos veces el número de bebés blancos que son abortados. Al firmar en Pro-elección, podemos usar un tiro y matar varios pájaros al mismo tiempo. Además, la venta de fetos es un gran negocio. Ya estamos tomando medidas creativas para impactar la capacidad reproductiva de los hombres negros. Entre otras cosas, estamos reduciendo creativamente su conteo de espermatozoides".

Risa.

"¡Brillante!", Gritó Evildumb. "¡Simplemente brillante!"

"Además del aborto, nos hemos estado asegurando de que los bebés negros tengan tres veces más probabilidades de morir que los bebés blancos al nacer, y que sus madres sufran un destino similar. Por lo tanto, hemos estado trabajando duro para contener la amenaza. Permítanme recordarles también que la tercera causa principal de muerte en nuestro país es el error médico, y que los negros son los más afectados. Nuestra gente en el sistema de salud está haciendo un trabajo fantástico, amigos. Hemos logrado determinar quién se enferma y quién muere. Aunque solo el 14% de la población total, el 50% de las personas que desaparecen cada año son negras. Es probable que las estadísticas permanezcan así mientras buscamos y encontramos a nuestra propia gente suprema. Si no son blancos, no tienen razón, amigos", declaró Sickering.

Risa.

"Esto me lleva a otro asunto, los 'derechos de los homosexuales'. Los gays tienen gente en lugares de poder y están aumentando cada hora. Ahora es genial ser gay, y los "derechos de los homosexuales" ahora se consideran derechos humanos. Hoy se celebra el Orgullo Gay. El partido que respalda a las personas queer definitivamente tendrá una ventaja en las urnas. Hablar en contra de la comunidad es como cometer un suicidio político. Las personas son extremadamente apasionadas por su sexualidad. Si quieres que alguien te odie, quiero decir que realmente te odia, intenta criticar su orientación sexual o hábitos sexuales. No podrás sofocar la llama. Aunque profesan ser de mente amplia, muchos no están dispuestos a acomodar los puntos de vista de los demás, incluso recurriendo a tácticas de intimidación para hacer cumplir su voluntad. La libertad de expresión se respeta en otros ámbitos, excepto en el de la sexualidad. Las personas queer son extremadamente sensibles en lo que respecta a la orientación sexual y pueden tender a la heterofobia, haciendo lo mismo que se critica a los homófobos. Donde hay desacuerdo o crítica, las buenas personas pueden convertirse en demonios. Las personas dulces pueden volverse amargas. La paz y el amor pueden ser superados por la guerra y el odio. Todo el mundo quiere sentirse especial y con derecho".

"Desafortunadamente, al expresar estas necesidades, los derechos de los demás pueden ser pisoteados. En una democracia, no es inusual que los grupos minoritarios intimiden a la mayoría para que se someta, legal e ilegalmente. Lo contrario también es cierto. Esto es posible porque no hay una brújula moral unificadora o valores comunes. Necesitamos un conjunto de valores y principios fundamentales con los que todos puedan comprometerse a conciencia. Desafortunadamente, el péndulo moral ha pasado del conservadurismo de extrema derecha al liberalismo de extrema izquierda, con cualquiera de los dos grupos dispuestos a comprometerse. Dado que los valores conservadores ya no son populares, o vamos con la corriente o nos expulsamos del sistema", contribuyó Politricko.

"Si no podemos vencerlos, debemos unirnos a ellos", recomendó Whatermann.

"Aunque la recomendación de Whatermann es, a primera vista, práctica, me preocupa que esto pueda hacer más daño a la comunidad en general. Capitular puede llevar a otras demandas, como los 'derechos de adopción', por ejemplo, contribuyó Hipócrito".

"Supongo que tendríamos que tratar a los niños adoptados de manera similar a como se trata a las víctimas de la guerra o a los niños abortados. Al igual que el aborto, los niños no tienen voz en el asunto", contribuyó Evildumb.

"Si los niños son el resultado de uniones heterosexuales o de espermatozoides que chocan con los ovarios, las parejas homosexuales no deberían disfrutar del privilegio de la crianza de los hijos. Hacerlo es recompensar el comportamiento anormal y expandir la población queer a través de la socialización. Es imposible para las parejas del mismo sexo modelar las relaciones normales entre hombres y mujeres. Y los niños viven lo que se aprende. Además, debemos reflexionar si es en el mejor interés de los niños crecer en hogares donde los "padres" son incapaces de modelar el comportamiento normal. El medio ambiente es importante; la mayoría de las veces influye en los resultados. Las personas pueden ser socializadas en cualquier cosa, buena o mala. ¿Cómo crees que las personas inteligentes y normales se convirtieron en ardientes partidarios de las sectas? Por el proceso de adoctrinamiento y socialización, el comportamiento anormal se aceptó como normal. Los animales y la naturaleza en general se preguntan: "¿Qué pasa? ¿No recibiste el manual?' Por otro lado, estamos diciendo '¡Cállate! Nada de su negocio'. La naturaleza es una gran cosa, pero preferimos trabajar con la crianza. Verás, podemos controlar la crianza, pero no podemos controlar la naturaleza", intervino Hippocritus.

"Me preocupa que, además de normalizar lo queer, el derecho a la adopción facilite que los niños se socialicen en la homosexualidad. Además, esto hará que los niños se confundan más al decidir su género, especialmente cuando atraviesan etapas de desarrollo. También me pregunto cómo les irá entre los niños de familias heterosexuales", se reincorporó Sickering.

Hippocritus apoyó: "El hecho es que, señores, los niños son extremadamente flexibles y estarán más confundidos de lo normal una vez que se conviertan en una parte integral de la comunidad queer. Además, el entorno del hogar facilitará que los niños se socialicen en la homosexualidad. Otros niños pueden verse afectados, a saber, los económicamente desfavorecidos. Los niños pequeños pueden permitirse ser sodomizados por dinero. De hecho, esto está sucediendo mientras hablamos. Hombres eminentes ya se están aprovechando de los necesitados en varios destinos turísticos, utilizando Internet como punto de contacto. Ha habido un reclutamiento continuo de jóvenes y vulnerables en iglesias, escuelas, clubes de niños y niñas, grupos scouts y otras instituciones. Durante muchos años el silbato ha estado sonando, pero rara vez se escucha. Algunos de nuestros hijos han sido violados, y otros han sido atados y socializados en el comportamiento homosexual. Debe haber sido difícil patear contra los pinchazos, supongo. Comprensiblemente, las víctimas crecerán creyendo que nacieron de esta manera", advirtió Hipócrito.

"Las afirmaciones de haber nacido queer sugieren que los homosexuales no eligen ser como son. Siendo este el caso, ¿no deberían los pedófilos también tener los mismos derechos y privilegios?", preguntó Finesse.

"Alimento para la reflexión; alimento para la reflexión", intervino el Sr. Bigote.

"Es difícil probar que la elección no es un factor en el comportamiento queer. Además, si aceptamos que es cierto para un comportamiento, entonces nos vemos obligados a aceptarlo para otros. Cleptómanos y pedófilos, por ejemplo, estarán de acuerdo. Las personas que tienen relaciones sexuales con animales también pueden tener un caso. Es complicado. Factores como el abuso sexual, la socialización y el desequilibrio hormonal también son parte del rompecabezas. La capacidad de los homosexuales para cambiar a un comportamiento heterosexual, como algunos han demostrado ser posibles, no ayuda al caso de no tener una opción. El comportamiento bisexual también hace evidente que la elección es un factor. Esto es motivo de seria preocupación. Considerado un estilo de vida alternativo, se esperan imitadores, la "alternativa" se vuelve más fácil de adoptar para algunos, especialmente por personas que tienen dificultades en las relaciones tradicionales. Ya bajo estrés, la vida familiar se ha vuelto más complicada. Además de la competencia regular, las mujeres ahora están preocupadas de que los hombres puedan robar a sus maridos, y los hombres están preocupados de que las mujeres puedan robar a sus esposas", expuso Sickering.

Risa.

"La vida es complicada. Aunque, según las tendencias actuales, la comunidad LGBTQ continuará creciendo y se volverá más formidable. La población de personas queer se está expandiendo por el diseño y las circunstancias, algunas difíciles de explicar, y no hay nada que podamos hacer al respecto", dijo Politricko.

"Sea como fuer, el verdadero argumento que hace un caso para las personas queer es que los humanos necesitan ser libres para decidir a su amante y cómo se expresa el amor. Si las elecciones encajan en el diseño del Creador es un asunto que solo el Creador debe juzgar. Haremos lo que sea necesario para ganar su apoyo, ya que necesitamos expandir nuestra base. Necesitamos reclutar gente de calidad, gente, gente de inflexión y con dinero. Así es como aumentamos nuestro poder", declaró Sickering.

"¡Poder blanco! ¡Poder blanco!", coreaban los supremacistas.

"Hay gente extremadamente brillante entre la comunidad gay. Sería una lástima dejar que todo ese talento se desperdicie. Además, muchos son asquerosamente ricos, ya sabes. ¿Por qué no podemos ser una gran familia feliz? Tenemos que ser prácticos, amigos; tenemos que ser prácticos. Si no podemos vencerlos, también podríamos unirnos a ellos. Suprimiremos la verdad sobre el aumento del cáncer anal y los vínculos entre la homosexualidad y el VIH. No podemos darnos el lujo de ofender a la comunidad LGBTQ; ¿Podemos? Las personas queer son un grupo demasiado formidable para lidiar políticamente. La comunidad es influyente y tiene mucho dinero. Muchos de nuestros miembros reciben un fuerte apoyo como cabilderos. No podemos morder la mano que nos alimenta. ¿Podemos?"

"¡Para nada, para nada!", exclamó el Sr. Bigote.

"Avanzando, otra cosa que podemos hacer es legalizar la marihuana. Necesitamos liberar la maleza y otras curas alternativas. La maleza tiene algunos peligros para la salud, pero también hay grandes beneficios. Además, si hemos de ser coherentes, hay muchas drogas recreativas y farmacéuticas que, aunque legales, tienen efectos secundarios graves, algunos de los que son más devastadores que la marihuana. Sin embargo, estos artículos farmacéuticos y recreativos legales son de libre acceso para el público. Es hipócrita apoyar los productos farmacéuticos, que tienen efectos secundarios devastadores, y no apoyar la maleza, que tiene efectos secundarios mucho menos peligrosos. Hasta la fecha, la industria farmacéutica se está saliendo con la suya con el asesinato, mientras que los poderes que apoyan y regulan la industria se vuelven de la vista gorda. Aunque, dado que no podemos gestionar el tráfico ilegal de drogas desde el lado de la demanda, concentrémonos en gestionar el lado de la oferta de las cosas. Después de todo, los buenos dólares supremos están saliendo de nuestras costas".

"¡Brillante! ¡Brillante! ¡Simplemente brillante!", deliró Redhead.

"Necesitamos encontrar una manera de mantener el dinero aquí, en Estados Unidos. Si restringimos la oferta, el precio de la maleza subirá, aumentando así la viabilidad de alternativas más peligrosas. No podemos permitirnos que la dama blanca, por ejemplo, se apodere de nuestros vecindarios. Ella es más mortal. Coca-Cola y crack golpearán el cerebro y le darán a la gente un ataque al corazón. Además, otros jugadores entrarán en el mercado en un intento de satisfacer la demanda. Esto conducirá a un aumento de la delincuencia y la violencia, ya que los jugadores compiten por su parte del pastel, sin mencionar el costo de administrar el crimen. Ahorrar dinero que se usaría para luchar en la guerra contra las drogas mientras se gana más uniéndose a los vendedores ambulantes de drogas parece tener más sentido. Además de gestionar el lado de la oferta, podemos lanzar una campaña masiva contra el uso indebido de drogas para dar la ilusión de que no solo nos preocupa el dinero que sale de nuestras costas; también nos preocupa la salud de nuestros ciudadanos. ¿No es eso lo que hacemos con las drogas "legales"? No necesitamos que los mexicanos traigan más maleza para alimentar nuestro apetito, y no necesitamos gastar recursos limitados luchando en una guerra que no podemos ganar. Como saben, donde hay demanda, siempre habrá oferta".

"Si no podemos vencerlos, también podríamos unirnos a ellos", declaró Spindecker.

"Se necesitará un milagro para resolver el problema de la demanda. Dado que no podemos frenar el apetito de nuestro pueblo supremo por la buena maleza, también podríamos legalizarla. Además, se ha demostrado científicamente que hay muchos beneficios para la salud. Muchas de nuestras personas ya se están beneficiando de su uso en la curación de ciertas enfermedades y en el manejo del dolor. Necesitamos legalizar la marihuana en los 50 estados, tanto con fines recreativos como medicinales. Esto nos beneficiaría enormemente. La industria de la marihuana es un negocio de un billón de dólares. Tratemos la maleza de la misma manera que tratamos el negocio del contrabando. Deje que la gente plante su maleza y la use para producir lo que quiera. Mientras sus negocios estén registrados y paguen sus impuestos, deberíamos dejarlos estar. Nuestra principal preocupación es regular la industria y recaudar nuestros impuestos. Legalizar la maleza reducirá la violencia y eliminará el costo asociado con la lucha contra el tráfico de drogas. El dinero ahorrado y ganado podría ayudar a construir nuestra Gran Muralla".

"¡China no tendrá nada sobre nosotros! ¡China no tendrá nada sobre nosotros!", coreaban los supremacistas.

"Además, la legalización de la marihuana puede reducir el abuso de drogas legales, y las enfermedades, y las muertes asociadas con ellas. ¿Sabes que los medicamentos comprados en farmacias, como los opioides, son responsables de tomar muchas más vidas estadounidenses que las drogas ilegales? La mala maleza no es tan mala, ya sabes. Algunas de nuestras personas supremas que han experimentado con la maleza se han convertido en jefes de grandes corporaciones, incluso se han convertido en presidentes. Además, no tiene sentido librar una guerra que no podemos ganar; ¿está allí?"

"Lo has hecho bien. No tiene sentido librar una guerra que no podemos ganar. La guerra contra la maleza no se puede ganar simplemente centrándose en el lado de la oferta de las cosas. Donde hay demanda, la gente moverá el cielo y la tierra para satisfacer la necesidad. Es necesario hacer mayor hincapié en frenar el apetito; y eso. Sea como fuese, usted y yo sabemos que intentar frenar el apetito es un ejercicio inútil. Como no podemos vencerlos, también podríamos unirnos a ellos", comentó Spindecker.

"Soy un ganador, amigos. Soy un ganador. Hay una gran oportunidad aquí. Aprovechémoslo. Nuestra gente fuma marihuana más que cualquier otra nación en el planeta. Deberíamos ser nosotros los que resolvamos este problema y aprovechemos la oportunidad. Y, como he dicho antes, donde hay demanda, siempre habrá oferta. Así es como funciona el mercado. La guerra contra la marihuana no se puede ganar. Aprendamos del negocio del contrabando. Fracasamos en la destrucción del comercio de alcohol, pero lo logramos legalizándolo. Al hacerlo, ganamos una tonelada de dinero en impuestos, ahorramos mucho en gastos para perseguir una guerra imposible de ganar, salvamos vidas que se perderían en disputas entre pandillas rivales, sin mencionar que nos ahorramos a nosotros mismos el estrés que normalmente viene con la lucha en guerras imposibles de ganar".

"¡Amén a eso!", Gritó Evildumb.

"En cuanto a la prostitución, fracasamos en destruir ese negocio, así que le dimos otra etiqueta y ahora nos estamos beneficiando de lo que se llama el comercio sexual. Las casas de putas se han transformado en Gentle Men's Clubs. ¡Oh! Y para que no lo olvides, el aborto fue una vez ilegal. También cambiamos la etiqueta en eso. Ahora se llama Pro-elección, respaldado por nociones de derechos reproductivos. También estamos ganando mucho dinero con ese negocio. Lo que hace grande a nuestro país, amigos, es que sabemos cómo ganar dinero. Sabemos cómo usar limones para hacer limonada, y sabemos cómo convertir los desastres en oportunidades. Nunca vemos el vaso medio vacío; siempre lo vemos medio lleno. Algunos lo ven como siempre lleno. Son lo suficientemente sabios como para ver el aire en él. Somos capitalistas, amigos, ¿no? Somos capitalistas. Aprovechemos las oportunidades y obtengamos algo de capital real. La maleza para nosotros podría ser como el petróleo para el Medio Oriente", se reincorporó Sickering.

"¡Brillante!", Gritó el Sr. Bigote. "¡Simplemente brillante!"

Sickering continuó: "En otra nota, caballeros, finalmente hemos encontrado una manera de evitar que el mundo se sobrepoblar y una forma de volverse más rico en el proceso. La población del mundo ha ido aumentando fenomenalmente, poniendo a todos en riesgo de extinción. No hace falta decir que los recursos son limitados y, por lo tanto, deben protegerse y gestionarse bien. Si nuestro pueblo supremo ha de sobrevivir, estamos obligados a salvaguardar los recursos de la tierra de personas indignas e incapaces de gestionarlos. Estamos particularmente preocupados por África y los africanos. A pesar de estar dotados de una cantidad fantástica de recursos naturales, la gente de África es la más pobre del planeta. Por lo tanto, han demostrado ser indignos e incapaces de administrar su enorme riqueza. Además, los africanos y sus descendientes están contaminando a nuestro pueblo supremo en Europa y América. Para salvarnos a nosotros mismos, proteger el medio ambiente y ejercer una mejor administración de los recursos limitados de la tierra, necesitamos un mayor control de la población. Esto significa despoblar lugares como África e India. Además de minimizar la propagación de enfermedades, será más fácil poner los recursos de la tierra en manos más capaces y administrar esos recursos en interés de las personas más dignas. Somos más merecedores, amigos, y más capaces. Es la supervivencia de los mejores. Y si no son blancos, no tienen razón".

Risa.

"Parte de la estrategia incluye la creación de un virus, como el que el mundo nunca ha visto. El virus será tan mortal y omnipresente que la población del mundo estará en peligro. Para vivir la gente, algunas personas deben morir. La gente muere todos los días, por varias razones. ¿No es así? Algunas personas lo llaman destino; algunos lo llaman selección natural. ¿Sabías que los errores médicos son la tercera causa principal de muerte en Estados Unidos? Cada año se cobran alrededor de 250,000 vidas estadounidenses debido a errores. Alentaremos a nuestros médicos supremos a continuar cometiendo estos errores, especialmente con respecto a las personas de color. Afortunadamente para nosotros, podemos decidir quién vive y quién muere. No hay necesidad de entrar en pánico, amigos. La pandemia se desarrollará a nuestro favor. Para ganar, fabricaremos una vacuna, que será obligatoria para todos. Además de hacernos más ricos, esta enfermedad brindará la oportunidad de controlar a la población mundial, ya que también será obligatorio que todos reciban un chip como parte del proceso de vacunación. Entre otras cosas, el chip contendrá un número de identificación único para el individuo. Convenceremos a los líderes mundiales de que el chip es necesario para determinar si una persona ha sido vacunada o no, que es necesario monitorear la respuesta a la vacuna y minimizar la exposición a los trabajadores de la salud, cuidadores y otros".

"¡Excelente!", exclamó Killyman.

"Podremos escanear el chip y rastrear a cualquiera que lo tenga. Esto nos permitirá monitorear a las personas en cualquier parte del planeta. Aquellos que se resistan a recibir el chip no podrán participar en ninguna forma de comercio. Serán vistos como amenazas para la salud del resto de la población y como enemigos del Estado, tratados como parias. Debido a los arreglos asociados con el chip, decidiremos legalmente quién vive y quién muere. El plan B es colocar nanopartículas en las vacunas, capaces de hacer lo mismo que el chip. El objetivo es despoblar África e India para salvar a Europa y América. Queremos ser capaces de monitorear a todos, eliminar indeseables y desarrollar la especie de manera que mejore el bienestar general, incluida la habilitación de la conformidad, ideológica y políticamente. Tenemos que centrarnos en los miedos y aprovechar todas las oportunidades para explotarlos. Si abrumamos a las personas con problemas de seguridad, estarán más que dispuestas a hacer lo que les pidamos. Es lo que es. Recuerde, somos ingenieros sociales, y cualquier cosa que hagamos es en el mejor interés de nuestra gente suprema. Ya hemos implementado sistemas de reconocimiento facial en puntos críticos de todo el mundo, lo que permite identificar a los sospechosos de delitos. Esta tecnología se está afinando actualmente. Se colocará en cada rincón y grieta, lo que nos permitirá identificar a cualquier persona, haciendo que el mundo vuelva a ser seguro. La gente estará dispuesta a sacrificar su privacidad por la seguridad. Solo tenemos que controlar la narrativa. Las aplicaciones de rastreo ya están en dispositivos celulares y computadoras. También podemos rastrear actividades en Internet, y donde y cuando se utilicen tarjetas de crédito. Para simplificar las cosas, incluso podemos establecer una moneda global. Bitcoin es un movimiento en esa dirección. Como saben, la vida se trata de la supervivencia del más apto. Es la supervivencia de los más aptos, amigos; supervivencia del más apto. Uno tiene que ser merecedor de la vida y lo suficientemente fuerte como para mantenerla. Decimos que si no son blancos, no tienen razón. Nos corresponde a nosotros asegurarnos de que somos los más aptos; que somos los más dignos de supervivencia. Las personas de color serán las más afectadas por el virus".

Risa.

"La vacuna nos permitirá rastrear el movimiento de cada persona en el planeta. Además del control de la población, nos permitirá controlar todo tipo de actividades, incluido el pensamiento político, la rebelión y todas las formas de oposición. Por ejemplo, cuando una persona hace o dice algo de acuerdo con nuestra gente suprema, a través de la inteligencia artificial, el chip hará que se libere una sensación agradable o alta. El dolor será infligido a las personas que se niegan a seguir la línea. Dependiendo del caso, se activará una alarma para que se puedan tomar medidas correctivas rápidamente. El seguimiento también se llevará a cabo a través de teléfonos celulares. El lanzamiento de 5G mejorará la conectividad y facilitará nuestros planes. Pronto el mundo será gobernado por un cuerpo gobernante, encabezado por nuestro pueblo supremo. Los representantes de los Illuminati se sentarán en el trono del gobierno, decidiendo sobre todos los asuntos importantes. Seyton de-Grate gobernará sobre nosotros".

"¡Sí! ¡Sí! ¡Sí!", coreaban los supremacistas.

El Sr. Sickering continuó: "También hemos incluido armas biológicas en nuestro arsenal. Estas armas nos permitirán lograr nuestros objetivos de manera más discreta, minimizar la resistencia y los daños colaterales, y mantener el orden".

Risa.

"Desde hace años, hemos estado trabajando en un virus para ser utilizado como arma biológica. La población mundial está creciendo demasiado rápido, ejerciendo demasiada presión sobre los recursos limitados. Como líder del mundo libre, debemos frenarlo. Tenemos que hacer algo al respecto. Este virus tendrá varias cepas, cada una liberada en diferentes partes del mundo, lo que dificulta su rastreo. Además de lo obvio, poner una etiqueta china al virus provocará la ira de nuestro pueblo supremo contra los inmigrantes. Nos encantaría deshacernos de los inmigrantes, particularmente de los negros. Además de traer armas y enfermedades, las personas de color representan una amenaza real para nosotros en las próximas elecciones y en todas las elecciones futuras. En lo que respecta al virus, tomaremos medidas para minimizar los daños colaterales entre la población blanca. Tenemos que centrarnos en el panorama general. Además, el fin justifica los medios".

"¡Sí!", exclamó el Sr. Bigote, golpeando el aire.

"Con respecto al control de la población y el papel del virus, COVID, continuaremos persiguiendo nuestra agenda de manera encubierta. Ya tenemos activos sobre el terreno en todos los lugares atacados. Estas personas han estado haciendo un trabajo increíble y han estado recibiendo un tremendo apoyo de Billy Gately. A pesar de que la India ha estado pidiendo su arresto por presuntas violaciones de las leyes y la ética médica, lo amamos. Billy Gately está haciendo un trabajo fantástico en India y África. Su fundación está cerca de desarrollar una vacuna. Al principio, la vacuna se administrará libremente en los países en desarrollo, principalmente en África e India, donde se probará. Luego nos centraremos en América Latina y el Caribe, especialmente en Haití. Jamaica es muy influyente en la región, así que comenzaremos por ahí. Lograr que Jamaica se sume ayudará a influir en otros en esa parte del mundo para que se unan al programa. Si Jamaica acepta nuestra propuesta, es probable que el resto de la región la siga".

"¡Suena como un plan!", intervino Bigote.

"Los lugares poblados principalmente por personas de color serán nuestro campo de pruebas. Haremos que sea imposible para cualquier persona volar a los Estados Unidos a menos que pueda demostrar que está vacunado. Tomaremos medidas creativas para lograr que los gobiernos de todo el mundo aprueben legislación, haciendo que la vacuna sea obligatoria. Nuestros socios en Europa, a saber, los británicos, tienen las cosas bajo control allí. En nuestro país, los más vulnerables serán sometidos a pruebas primero. Sabes quiénes son esas personas, ¿no? Como saben, gran parte de lo que exportamos es de tercer grado. Bueno, como hemos hecho en el procesamiento de alimentos, haremos lo mismo con las vacunas. Las vacunas que vendemos o donamos a los países del Tercer Mundo no tendrán la misma eficacia que las vacunas administradas a nuestro pueblo supremo. Serán de tercer grado. Incluso podríamos hacer algo más creativo. Sin embargo, esta es información clasificada, por lo que no estoy en libertad de revelar cuán creativos estamos preparados para ser".

Risa.

"También tomaremos medidas para minimizar el impacto de COVID en el mercado de valores. Tenemos amigos en lugares altos dispuestos y capaces de jugar en el mercado como un violín. Además, el éxito en la producción de una vacuna mejorará nuestra presencia en el mercado global, permitiendo que la nación más rica del planeta se vuelva más rica. Es solo negocio, amigos; solo negocios".

Más risas.

"Este es un año electoral. La economía tiene que verse bien si queremos ganar las próximas elecciones. Además de lo que

Billy Gately está haciendo, confío en que nuestra gente suprema pronto desarrollará una cura, haciéndonos billones, y que el número de empleos aumentará exponencialmente.

Eufóricos, los supremacistas se unieron al Sr. Bigote para cantar: “Sick-er-ing. Enfermo. Enfermo”.

CAPÍTULO 5

Sr. Evildumb

Jefe de la Administración de Alimentos y Medicamentos

Como siguiente orador, el Sr. Evildumb, Jefe de la Administración de Alimentos y Medicamentos, se dirigió al podio. Había algo siniestro en él. Era de construcción mediana, estatura media, tenía ojos de cuentas y llevaba gafas de montura oscura. Y tenía la esvástica exhibida en lo que parecía ser un uniforme.

"Compañeros supremacistas, me siento aliviado de que hayan tomado en serio la amenaza y estén dispuestos a hacer algo al respecto. Aquí están mis propuestas: Primero, podemos rediseñar ciertos alimentos para impactar negativamente la salud reproductiva de las personas negras. Otros alimentos pueden introducir enfermedades como la anemia de células falciformes y la diabetes. En segundo lugar, dado que todos están obligados a tomar vacunas de un tipo u otro, podemos armar vacunas para eliminar la amenaza sin que los negros sepan qué los golpeó. En tercer lugar, podemos introducir ciertas enfermedades y enfermedades a la población negra a través de medicamentos farmacéuticos. El uso encubierto de drogas como guerra biológica sería otro activo desplegado contra la amenaza. Cuarto, podemos alentar a nuestros médicos a sobremedicarse para que las personas negras se enganchen a medicamentos farmacéuticos como los opioides. Cosas simples como los antibióticos también pueden funcionar a nuestro favor. Los padres negros están dando a luz a niños autistas, cortesía de nuestros eminentes científicos. Quinto, podemos alentar a nuestros dentistas supremos a continuar usando empastes de mercurio negro, cuando traten a las personas negras. Sabemos que esto debilitará su tiroides y eventualmente conducirá al cáncer y otras enfermedades. Además, se alentará a nuestros dentistas supremos a aprovechar cada oportunidad para insertar dispositivos de escucha en las muelas del juicio de los hombres negros. Necesitamos rastrear sus movimientos y monitorear sus conversaciones, especialmente la de sus líderes. Cada líder es puesto en un pedestal, y todos tienen una debilidad o falta. Nuestro trabajo es encontrar y explotar su debilidad. Lo usaremos para derribarlos. El mundo es implacable. "

Hubo un silencio ensordecedor momentáneo, como si estuviera en contemplación, luego un aplauso colosal.

"¡Sí! ¡Sí!" "¡Hazlo! ¡Hazlo!", gritaron los supremacistas.

Hubo euforia, la habitación explotó en risas.

"¡Espera! ¡Espera! Todavía no he terminado. Nos hemos asegurado de rediseñar la comida para que cause obesidad en la población negra. Usted es muy consciente de los efectos como la diabetes y otros problemas relacionados con la salud. La hipertensión es más común entre los negros que cualquier otro grupo étnico. Muchos ya tienen trastorno de estrés postraumático, causado por el estrés general asociado con ser negro en Estados Unidos. Los trabajadores de salud mental están viendo vínculos entre el racismo y el TEPT. Mujeres, niños, otros miembros de la familia y amigos sufren TEPT cuando sus hombres son asesinados. Los soldados que regresan de los estragos de la guerra en el extranjero también sufren. Esto debería ser suficiente para hacer que la gente de color se vuelva loca. Sin embargo, seguiremos aplicando la presión hasta que se agrieten. Estamos haciendo todo lo humanamente posible para que partes selectas de la población enferma los mantengan así. Es solo negocio, amigos; solo negocios".

Risa.

"Debido a las intervenciones creativas, nuestros médicos supremos tienen flujos de ingresos constantes y múltiples. Nuestra gente suprema en control de la industria de seguros de salud y otros están sonriendo hasta el banco. Los negros no nos reemplazarán, amigos. Los negros no nos reemplazarán. Como no podemos permitir un WHITE-OUT, nos vemos obligados a organizar un BLACK-OUT. Un BLANQUEO es inaceptable. Por lo tanto, un APAGÓN es inevitable", declaró Evildumb.

Risa.

"Miren amigos, no somos peores que los alemanes, belgas, canadienses, australianos y británicos, por nombrar algunos. Toda gran nación tiene sangre en sus manos. A lo largo de la historia, los pueblos nativos y primitivos han sido desplazados para dar cabida a los fuertes e iluminados. El camino de muchas grandes familias ha estado lleno de sangre. Los fuertes hacen lo que hay que hacer, independientemente de las consecuencias. Los daños colaterales son inevitables, amigos. Es la supervivencia del más apto, ¿no? Nada es más importante que nuestra supervivencia. Somos ganadores; los perdedores son puestos en el suelo o salen corriendo de la ciudad".

El Consejo luego se unió para cantar el himno, "Los negros no nos reemplazarán", durante aproximadamente un minuto, antes de que el siguiente orador subiera al escenario.

CAPÍTULO 6

Sr. Sportington

Jefe de Deportes y Cultura

Fue el turno de hablar del Sr. Sportington, Jefe de Deportes y Cultura. Corrió en el escenario como un animador.

"¡No nos reemplazarán! ¡No nos reemplazarán! ¡La gente de color no nos reemplazará!", coreó.

Todos se despertaron con el canto y se hicieron eco al unísono: "¡La gente de color no nos reemplazará! ¡La gente de color no nos reemplazará!" hasta que el Sr. Sportington lo detuviera.

"Mis hermanos, somos los más grandes del planeta. En mi campo, hemos creado una riqueza obscena. Los negros en Estados Unidos nos han hecho una gran nación. Nos hacen ganar mucho dinero en todos los sectores, especialmente en la industria del deporte, pero no nos reemplazarán. Los mantendremos en su lugar".

"Amén a eso", respondió el Sr. Politricko.

"Nuestra industria deportiva no tiene rival en el mundo. Además de proporcionar un gran entretenimiento, ha proporcionado una gran riqueza para nuestro pueblo supremo. Tenemos que tener cuidado de no matar a la gallina de los huevos de oro. Aunque hemos logrado mantener a los negros fuera de varios campos, esta es un área que han dominado sin lugar a dudas. El único miedo que tenemos es en el atletismo", declaró Sportington.

"¿Cómo?", preguntó Redhead.

"Simplemente no puedo entender cómo Jamaica, un país de poco más de tres millones de personas, nos da un momento tan difícil en el atletismo. Usain Bolt es el hombre más rápido de la tierra, y Jamaica sigue fabricando velocistas en piloto auto-mático. No sé qué les están dando de comer allí. Aparte de eso, nos vemos obligados a admitir que los negros son grandes atletas. Propongo que dejemos que les siga yendo bien en el ámbito de los deportes y que lo utilicen a nuestro favor. Podemos comer nuestro pastel y tenerlo. Nuestra gente suprema tendrá una cantidad ilimitada de carne fresca para probar".

Risa.

"Simplemente no podemos permitir que a los negros les ir tan bien en otras áreas. Trabajaremos con ellos y los llevaremos a sus límites para hacernos más ricos y poderosos a través del deporte. Usaremos drogas para mejorar el rendimiento y haremos lo que sea necesario para ganar. No te preocupes por los que se están haciendo ricos. Podemos usar esto como palanca para atraer a generaciones de ellos. Además, la riqueza obtenida a través del deporte siempre volverá a nosotros. Comen en nuestros restaurantes, ¿no? Compran en nuestras tiendas de comestibles, ¿no? Compran en nuestros centros comerciales y alojan su dinero en nuestros bancos. Además, permitir que unos pocos se vuelvan ricos induce a sus hijos a ignorar su educación y centrarse principalmente en los deportes. De esta manera, tendremos un flujo constante de nuevos reclutas y talentos ansiosos por trabajar para nosotros".

"¡Espléndido! ¡Espléndido!", declaró Finesse.

"Hemos estado ganando mucho dinero con los atletas, incluidos los jóvenes reclutas. Sigamos así. No se preocupe por los efectos del estrés, las lesiones y las drogas en sus cuerpos. Siempre podemos conseguir reclutas. Tenemos que sacrificarnos por la Causa, amigos. Además, permitiremos que nuestras mujeres supremas se acerquen a los atletas de color exitosos, los derriben y tomen sus activos", declaró Sportington.

Risa.

"A las industrias del entretenimiento y el deporte les está yendo excepcionalmente bien. Dominamos casi todas las áreas. En virtud de nuestra posición, tenemos una enorme cantidad de influencia y, por lo tanto, hemos establecido reglas. Por ejemplo, hemos conseguido que la ropa de baño sea el uniforme oficial de los atletas en atletismo. Así que, además de disfrutar de los deportes, ahora podemos deleitar nuestros ojos con una variedad de coños. Ya no tenemos que ir a la playa para hacer 'observación de aves'; ahora hacemos eso y más a través de los medios de comunicación o nos presentamos en ciertos eventos. A través de la industria del deporte, nuestros hombres supremos pueden comer su pastel y tenerlo, ya sabes a lo que me refiero".

Risas escandalosas.

"Como saben, el sexo es un deporte recreativo y una gran parte de la industria del entretenimiento. También es uno de nuestros valores supremos. Vivimos para el sexo y no podemos vivir sin él. Por lo tanto, tenemos que ser sexys y sex-up todo para obtener moneda. Ser bella y valiosa es ser sexy. Lástima para los que son esponjosos. Nos gustan las mujeres que son delgadas y buffy. Es lo que es".

"Es lo que es", se hicieron eco los supremacistas.

"Nos gustan las mujeres que son pulido, y como cuando se pavonean de sus cosas. Si una mujer es sexy, debe hacer alarde de ello y hacerse deseable. Nos gustan las mujeres que usan la pechuga esacaparse, espectáculo de vientre, impresoras vaginales, mostrar fondo, muslo aferrado, material verdizo y ajustado a la forma. De hecho, cuanto menos se desgasten, mejor".

Risa.

"No podemos invertir en mujeres que no están dispuestas a declarar sus activos, mostrar lo bien que pueden desempeñarse y permitirnos proyectar el rendimiento futuro. Estos y otros factores indican la atractividad del acuerdo. Por lo tanto, necesitamos poder examinar la mercancía y probarla para demostrar si la inversión vale la pena".

"¡Amén a eso!", Gritó Redhead.

"Es importante que se examinen los activos, ya que en estos días muchos usan máscaras, se someten a cirugías estéticas y están utilizando técnicas de mejora para mejorar su imagen. En los negocios, la contabilidad creativa es el nombre del juego. Los libros se cocinan. En lo que respecta a las relaciones, no nos importa ser feos por dentro. Simplemente no queremos tener que lidiar con personas doblemente feas, que son feas por dentro y también son feas por fuera".

Risas escandalosas.

"La imagen lo es todo, amigos. Además de proyectar la imagen correcta, necesitamos asociarnos con otros que tengan la imagen correcta".

"¡Amén a eso!", exclamó Redhead.

"¡Espera! ¡Espera! No nos atrevemos a dejarnos engañar por la imagen. Es todo y, sin embargo, no lo real. Estas cosas superficiales pueden hacernos populares, ganar amigos e influir en las personas, pero también pueden hacernos infelices y pueden llevarnos a nuestra desaparición. No hay nada duradero al respecto. Podemos fingirlo y vivir en un universo alternativo, o podemos enfrentar la realidad y elegir sabiamente. Elegir sabiamente es crucial. La información precisa puede ayudarnos hacia ese fin", advirtió Hipócrito.

"Sexy puede trabajar tanto para nosotros como en nuestra contra. Puede llevar a la muerte, el engaño y la adicción. Tal vez tengamos que buscar otras formas además del atractivo físico para definir lo sexy, reanudó Sportington".

"¡Me encanta la parte de la adicción!", Gritó Redhead.

Risa.

"La adicción al sexo está rivalizando con la adicción a las drogas recreativas. La gente simplemente no puede tener suficiente de eso. Para satisfacer la demanda, el tráfico sexual ha aumentado. No hay escasez de burdeles, trabajadoras sexuales, centros de entretenimiento y pornografía infantil. Nuestra gente suprema puede obtener todo tipo de ópticas y masajes a voluntad. Además, hay una gran cantidad de juguetes sexuales, incluidas las bragas comestibles. Los negocios están en auge; el negocio está en auge".

"¡Mo-ney! ¡Mo-ney! ¡Mo-ney!", coreaban los supremacistas.

CAPÍTULO 7

Sr. Whatermann

Jefe de Gestión de Agua y Residuos

Un caballero alto, delgado y de cara pálida, sostenido por un bastón, se dirigió al podio, con su chaqueta colgando suelta sobre él. Sus ojos hundidos y su boca regateando proyectan el espectro de una figura de una película de terror. Su voz estridente, irritante y aterradora, atravesaba el ambiente como un viento tormentoso. Este era el Sr. Whatermann.

"Estoy totalmente de acuerdo en que necesitamos equilibrar a la población y que necesitamos mantener a los negros en su lugar. No podemos permitir que nos reemplacen o tengan nada sobre nosotros. Los negros viven principalmente en ciertas comunidades marginadas, lo que hace que nuestro trabajo sea mucho más fácil. Propongo que envenenemos su sistema de agua para que se enfermen con el tiempo, como lo que hicimos en Flint, por ejemplo. No tenemos que hacerlo nosotros mismos. Podemos permitir que las industrias lo hagan por nosotros. Podemos dar incentivos a ciertos fabricantes para que ubiquen sus plantas en comunidades donde residen los negros. Desregularemos la forma en que administran sus plantas o hacen negocios en estas áreas, especialmente la forma en que eliminan los desechos industriales. Le diremos a los negros que se están estableciendo organizaciones industriales para proporcionar empleos muy necesarios en su vecindario. Sabemos lo que hacen algunas empresas con los residuos, ¿no? Tenemos que fingir que no sabemos. Habrá daños colaterales, marque usted. Sin embargo, las personas blancas que viven en vecindarios predominantemente negros son las más débiles entre nosotros. Son perdedores y un lastre para la economía. La basura blanca no merece vivir. ¿Qué dices?"

"Es lo que es. Tenemos que hacer lo que tenemos que hacer, amigos", intervino Redhead.

"¿Qué pasa con el cambio climático?", preguntó Spindecker.

"¿Qué hay de eso? Hacemos lo que siempre hemos hecho. Ignóralo. El cambio climático no es real; es falso. Es un engaño creado por los demócratas, por lo que pueden usarlo como palanca para regular las empresas y gravar la luz del día de ellas. No te preocupes por nada. Cada pequeña cosa va a estar bien", respondió Whatermann.

Risa.

CAPÍTULO 8

Sr. Politricko

Estratega Político Jefe

Fue el turno del Sr. Politricko de dirigirse al Consejo. Parecía confiado y encantador, con un traje negro y pajarita blanca, pareciéndose más a un mago. Caminó enérgicamente hacia el podio.

"La situación es realmente grave", dijo Politricko. "El pueblo negro ha tenido su propio presidente negro. Esto no debe volver a suceder nunca más. Necesitamos sacar la idea de la cabeza de la gente de un presidente negro. El chico de África nos engrandó haciéndonos creer que había nacido aquí. No estoy seguro de cómo lo hizo, pero lo hizo. Lo sabemos mejor que eso, ¿no? Este tipo es un obamanition. ¡La audacia de él! Durante su mandato, dio la vuelta al mundo actuando como si fuera la cosa más bonita desde el pan de molde, tratando de hacer las paces con todos. Incluso envió tropas a Gomorra y consiguió Sodoma. No somos grandes en tiempos de paz, amigos; somos grandes en tiempos de guerra. Compañeros supremacistas, necesitamos expandir el ejército, aumentar nuestras armas nucleares, aumentar nuestras armas en el aire, en las tierras y en los mares. Tenemos que estar listos para bombardear la mierda de cualquiera que se meta con nosotros, especialmente el hombre gordo en Corea del Norte. El gobierno de Corea del Norte es totalitario y es una amenaza para su pueblo, para nuestros aliados democráticos asiáticos en Taiwán, Corea del Sur y Japón. Corea del Norte ha asesinado a unos 200.000 de sus ciudadanos en campos de concentración. No podemos permitir que este comportamiento loco continúe por más tiempo. Además, no me gusta cómo Rocket Man ha estado posando últimamente. Tan triste que China se niega a ayudarnos, a pesar de todos los negocios que les hemos enviado. Los chinos son ingratos, ¿no es así? ¡Muy triste! ¡Muy triste! Rocket Man es un problema real. Aunque a los dos nos encanta enviar misiles, todo lo que hago es tuitear. Este tipo es peligroso. Necesitamos declarar la guerra a Corea del Norte antes de que la inseguridad lleve al hombre cohete a bombardear la mierda de nosotros. Además, la guerra no siempre es algo malo, ya sabes. Es una buena manera de mostrar fuerza, una medida útil de control de la población, y es un medio para aumentar la riqueza. En tiempos de guerra, nuestros mercenarios o contratistas pueden ganar algo de dinero, y nuestros muchachos pueden obtener la experiencia que tanto necesitan. Necesitamos dar a nuestros hijos oportunidades para una acción real. Ya sea que vean o no acción real, aquellos que van a la guerra por nosotros serán llamados héroes. Otros se inspirarán para unirse al ejército cuando llegue el momento. Luchar por nuestro país les dará a nuestros niños un sentido de orgullo y los mantendrá motivados para luchar en nombre de nuestro pueblo supremo".

"¡Gran idea!", exclamó Evildumb.

"Además de proporcionar oportunidades para adquirir experiencia, necesitamos demostrar constantemente que somos el poder supremo en el mundo", declaró Politricko.

"Las guerras pueden ayudarnos a alcanzar nuestros objetivos. Cuando ganemos a nuestros enemigos nos temerán. Además, tenemos la oportunidad de fabricar y vender más armas. Además de crear empleos, creamos más riqueza. ¿Por qué crees que somos los más ricos del planeta? Sabemos cómo ganar dinero. Las naciones de todo el mundo comprarán nuestras armas y librarán sus guerras. Ese es su negocio. No interferiremos con lo que no nos concierne. Además, no podemos preocuparnos por los débiles y vulnerables. Necesitan poder librar sus batallas, defenderse o pagar por su seguridad. Es la supervivencia de los más aptos, amigos; supervivencia del más apto".

"Es la supervivencia del más apto", se hicieron eco los supremacistas.

"Esto me lleva a otro punto. Ya no defenderemos a nuestros aliados sin remuneración, especialmente a los de Oriente Medio. No tenemos ningún problema en tomar petróleo u otros activos como pago. Lo importante es que se nos pague por los servicios prestados. Aparte de eso, Irán puede producir armas nucleares y representar una amenaza real para la paz y la seguridad en la región. La guerra entre los musulmanes sunitas y shea hace que la situación sea más frágil. Estamos haciendo todo lo posible para contener la amenaza para nosotros y nuestros aliados, pero debo admitir que no hay una solución simple. Aunque es difícil concebir a nuestros enemigos usando armas nucleares contra nosotros, nunca se sabe. Independientemente de quién aprieta el gatillo primero, sería el Día del Juicio Final. Todo lo que podemos hacer es hacer lo mejor que podamos y planificar lo peor. Tenemos búnkeres subterráneos a lo largo y ancho de los Estados Unidos como parte de la preparación en caso de que haya un evento de este tipo. Si eso sucede, nos levantaremos de las cenizas y nos elevaremos como un águila una vez más".

"¡Poder blanco! ¡Poder blanco! Coreaban los supremacistas.

"La guerra es un asunto costoso, amigos. Hemos aumentado el presupuesto para permitir que nuestras fuerzas de élite aborden con éxito los caprichos, incluido el terrorismo. Nuestra supervivencia es lo más importante. También estamos obligados a asegurar nuestros intereses geopolíticos, nuestra cuota de mercado y nuestra ventaja competitiva", declaró Politricko.

"Bien dicho", respondió Sickering. "Bien dicho."

Politricko continuó: "No existe tal cosa como un almuerzo gratis. Todo lo que hacemos tiene consecuencias, y pagamos de una manera u otra. Es lo que es. Sé que otros piensan diferente, pero no entienden el capitalismo. Tomemos el último proyecto de ley de atención médica, por ejemplo, que se aprobó cuál es su nombre. Ha sido un drenaje para el cofre de la nación. Necesitamos derogarlo y reemplazarlo. Sin embargo, a pesar de nuestros mejores esfuerzos para destruir O Care, muchos continúan comprándolo. No lo entiendo. El sistema de salud huele a socialismo. El presidente negro quería convertir a nuestro país en socialista. Contento de haberme deshecho de él. De todos modos, no nació aquí, y creía en las limosnas. El sistema de salud es una de las estrategias que utilizó para socavar nuestra democracia. O Care fue la forma en que Obamanation consiguió nuevos votos y amañó las elecciones. Nuestra barrica de cerdo será mucho más grande. Lo arreglaremos. A los pobres. Nuestros amigos ricos serán más ricos. Y cualquiera que tenga un hacha para moler estará conectado a tierra. El presupuesto se expande constantemente y nuestra deuda aumenta constantemente. Es culpa de los negros por qué la economía está en el estado en el que se encuentra. Demasiados de ellos están desempleados. No quieren trabajar. Son perezosos. En cuanto al presidente negro, fue un fracaso abismal. Sin embargo, una cosa por la que podemos elogiarlo honestamente es el hecho de que fue más agresivo y más exitoso que sus predecesores en mantener fuera y deportar a los inmigrantes. Sin embargo, necesitamos borrar su memoria de esta tierra, y hacer todo lo posible para asegurarnos de que una persona negra nunca más ascienda al cargo más alto. ¡Nunca más! ¡Nunca más!"

"¡Nunca más!", coreaban los supremacistas.

"Los negros no pueden representarme. No me entienden a mí, a mi gente o a mi cultura. Además del prejuicio, el sesgo inconsciente es inevitable. Históricamente, los negros se han resistido a mí, y de muchas maneras han luchado contra mí. Yo soy su amo, y ellos son mis esclavos. Yo soy superior, y ellos son inferiores. Por lo tanto, deben desempeñar un papel subordinado".

"Si no son blancos, no tienen razón", coreaban los supremacistas.

"Dicen: 'Cada nigga es una estrella'. Eso solo sucede en las películas, amigos. En nuestro mundo, un nigga es un nigga. En el mundo real, los blancos dirigen las cosas. Si no son blancos, no tienen razón. Si son negros, deben quedarse atrás".

Risa.

El Sr. Politricko comentó que los supremacistas apoyan a ciertos miembros de la comunidad negra, lo que podría usarse para promover la agenda de los supremacistas. Las personas ayudadas son simpatizantes. Los simpatizantes pueden ser utilizados para reclutar a otros Negros. El voto Negro marcará la diferencia en las próximas elecciones.

“Muchos considerarán un honor y un privilegio estar de nuestro lado. Mejoraremos su estatus llamándolos Blancos Honorarios. Estos ciudadanos negros nos ayudarán. Harán cualquier cosa para estar en nuestro lado bueno. Todo el mundo tiene un precio que conoces. Además, a diferencia de otros grupos étnicos, los negros no tienen reparos en venderse entre sí. No tenemos nada que temer. Nuestros activos en el campo ya comparten nuestros puntos de vista y están comprometidos a seguir la línea. Están listos y dispuestos a ayudarnos”, declaró Politricko.

Risa.

“Es fácil adquirir activos entre las personas que buscan la aprobación. Muchos harán cualquier cosa para convertirse en blancos honorarios. En ese sentido, estamos tomando medidas para expandir la población blanca mediante la inclusión de los latinos. Muchos ya creen que son blancos. Los latinos negros no contarán. Divide y vencerás, amigos; divide y vencerás”.

“Divide y vencerás”, se hizo eco Finesse.

“Cualquiera que no nos apoye está en contra de nosotros. Si son lo suficientemente tontos como para cruzar la línea, sentirán nuestra ira; tenemos el fuego. Marca mis palabras: los enemigos no serán tratados a la ligera. Incluso los activos son prescindibles. Tenemos formas de hacer desaparecer a los indeseables. Los negros constituyen solo el catorce por ciento de la población total, pero cada año el número de negros que desaparecen es el doble que el de todas las otras razas combinadas. Si se suman todos los grupos minoritarios, el número de personas desaparecidas es cuatro veces mayor que el número de personas blancas desaparecidas. Sin embargo, rara vez se habla de las minorías desaparecidas en los medios de comunicación y la policía las investiga. La mayoría sigue siendo un misterio. Es solo negocio, amigos, solo negocios", respondió Redhead.

Risa.

"Como es costumbre, reclutaremos el apoyo de personas negras más exitosas. Para ayudarnos, se abrirán ciertas puertas, lo que les permitirá unirse al uno por ciento rico. Confía en mí, después de eso no darán un abucheo sobre los que se quedan atrás. Convenzámoslos de que la única razón por la que otros miembros de la población negra no lo están logrando es porque son perezosos y no están dispuestos a trabajar. Aunque sabemos diferente, debemos convencerlos de que todos tienen las mismas oportunidades. Todos los hombres nacen iguales, pero algunos son más iguales que otros, ¿verdad?"

"Todos los hombres nacen iguales, pero algunos son más iguales que otros", coreaban los supremacistas.

"¿Ves lo que ha sucedido porque le dimos a los negros el derecho a votar y les permitimos ciertos privilegios? ¡Un presidente negro! ¡Imagínate eso! ¡Un presidente negro! ¡Un comunista en eso! ¡La audacia! ¿Ves lo que es posible una vez que les damos un descanso a estas personas? No podemos permitir que rompan la cadena. Tenemos que mantener cadenas alrededor de sus pies y rodillas en sus cuellos. No podemos permitirles respirar. Tenemos que usar estrangulamientos, y debemos encadenar sus pies. Si les damos un descanso, pueden hacer un descanso por ello, quitarnos nuestros privilegios y darse la vuelta y esclavizarnos".

"¡Mantén la cadena! ¡Quédse con la cadena!", coreaban los supremacistas.

"No podemos permitir que rompan la cadena. Estoy de acuerdo en que las vidas negras importan, pero sus vidas están subordinadas a las nuestras. Si no está dispuesto a ser servil, entonces las vidas negras serán un poco. Nuestros amigos del KKK y los neonazis continuarán infiltrándose en las fuerzas del orden, el ejército, la CIA y otras agencias de interés para hacer cumplir nuestra voluntad. Utilizaremos contratistas privados en el país y en el extranjero para hacer lo que la ley nos impide hacer. Nuestros proxies a nivel local e interno están bien posicionados para cumplir con nuestros objetivos. Estos activos llevarán a cabo operaciones encubiertas cuando sea necesario. Como lo hemos hecho en el tráfico de drogas, colaboraremos con cualquier persona dispuesta a promover nuestros intereses. Como raza superior, estamos obligados a hacer lo que sea necesario para hacer cumplir nuestra voluntad. Es el camino de los supremacistas o la carretera. Aumentaremos nuestros esfuerzos para anular o reducir los logros de los negros, magnificar sus fracasos o errores y borrar su historia, si es necesario. Aquellos que se resistan se verán frustrados. Los frustraremos iniciando investigaciones, como las que el mundo nunca ha visto".

Risa.

"Las investigaciones causarán sospechas y división. Los amigos se distanciarán por temor a estar implicados en algo desagradable. En este país, los negros son culpables hasta que se demuestre su inocencia. El miedo a la "culpa por asociación" hará que los amigos se traicionen entre sí, incluso mintiendo para salvarse a sí mismos. Cualquiera puede ser voldo, amigos. Haga que la gente tenga suficiente miedo y mentirán para salvarse a sí mismos. Incluso el gran Pedro traicionó a Cristo. Judas se agotó por treinta piezas de plata. A pesar de todo el bien que Jesús hizo, fue hecho culpable de todo tipo de atrocidades, algunas por su asociación con los pecadores. Finalmente fue arrestado y asesinado, basado en cargos falsos. Cualquiera puede ser vencido. Es lo que es; es lo que es. ¿Por qué Jesús debería sufrir y sus seguidores vivir libres de problemas?"

"¡Imagínate eso!", reflexionó Bigote, bromeando.

"Donde nuestra gente sea la que esté siendo investigada, controlaremos el proceso y frustraremos todos los esfuerzos de la oposición. Aquellos que elijan una pelea con nosotros estarán atados en la corte durante mucho, mucho tiempo hasta que sus recursos se agoten. Vamos a hacerlos quebrar y mantenerlos así. Nuestros jueces supremos eruditos reescribirán e interpretarán las leyes de manera que apoyen nuestros intereses y promuevan nuestra causa".

Risa.

"Se trata de la ley y el orden, la gente, la ley y el orden. En mi libro, cada persona negra es culpable de violar la ley hasta que se demuestre su inocencia. Es **nuestra** ley y **nuestro** orden lo que está en juego, amigos. Permítanme ser claro, en lo que a mí respecta, la justicia significa **solo nosotros.** Nuestros legisladores supremos son hábiles para legalizar cualquier cosa y para hacer ilegal lo que nos plazca. La ley reflejará **nuestro** interés y promoverá **nuestra** causa. **Nosotros hacemos** las leyes; interpretamos las leyes y **aplicamos** las leyes. Emplearemos estrategias para hacer que los blancos teman a los negros y haremos lo que sea necesario para convencer a los no comprometidos de comprometerse con las perspectivas y los valores de los supremacistas. Crearemos espectáculos paralelos para distraer y desviar, mientras impulsamos nuestra agenda. Frustraremos y dictaremos y haremos pleno uso del filibusterismo en el Congreso. Y restableceremos las Leyes Jim Crow si tenemos que hacerlo. Las personas negras siempre serán vistas negativamente, mantenidas abajo, menospresas o encerradas. Al hacerlo, haremos que Estados Unidos vuelva a ser blanco. Tenemos que asegurarnos, amigos. Es la supervivencia del más apto. Si no son blancos, no tienen razón", declaró Politricko.

"Si no son blancos, no tienen razón", se hicieron eco los supremacistas.

"Estamos hablando de los derechos de las personas aquí, los derechos de todos los estadounidenses. Cualquiera que no sea una persona blanca de sangre completa no puede ser un verdadero estadounidense y, por lo tanto, no disfrutará del mismo estatus y privilegios otorgados a las personas que poseen la ciudadanía plena. Haremos que Estados Unidos vuelva a ser grande haciendo que Estados Unidos vuelva a ser blanco".

"Haz que Estados Unidos vuelva a ser blanco", se hicieron eco los supremacistas.

"Somos un país libre y somos libres de tratar a los seres menores como queramos. Las personas de color son menos que nosotros. No pueden ser iguales a nosotros. En nuestro país gobiernan los blancos. Lo que decimos es ley y somos ciudadanos respetuosos de la ley", se reincorporó Politricko.

"Somos ciudadanos respetuosos de la ley", se hicieron eco los supremacistas.

"Una de las grandes cosas de nuestra democracia es que hemos sido capaces de acomodar todo tipo de puntos de vista y articularlos libremente. Esto está garantizado por la Primera Enmienda. Por lo tanto, además de los hechos alternativos, tenemos valores alternativos. Nuestra sociedad multicultural es dinámica. No juzgamos a nadie. Las personas son libres de creer lo que quieran y hacer lo que quieran sin censura, siempre y cuando permanezcan dentro de los límites de la ley y de nuestro pueblo supremo. Al final del día, la legalidad triunfa sobre todo. Creemos en la libertad de elección y otros derechos humanos. Simplemente no nos importan las marchas y otras formas desagradables de protestas. Creemos en la ley y el orden. Establecemos la ley y mantenemos el orden".

"Amén a eso", intervino Spindecker.

Politricko continuó: "Los derechos y libertades que se disfrutan en este país se extienden a la libertad de elegir a quién amamos y los derechos sobre nuestros cuerpos. No obstante, alentamos a nuestra gente a practicar sexo seguro, y hemos hecho posible que las mujeres ejerzan poderes discrecionales en lo que respecta al aborto. Además de hacer que el control de la natalidad sea fácilmente accesible, hemos logrado equiparar el acceso al aborto con los derechos reproductivos, justificando la permutación con factores como el embarazo no deseado, la violación y la libertad de elección. Hemos logrado cambiar el enfoque de circunstancias extremas, como el incesto y la violación, a quitar la vida de un niño por nacer por todas y cada una de las razones. El humano-animal es la única especie que ha evolucionado ejerciendo tales poderes, y Estados Unidos está a la vanguardia de los facilitadores. ¡Asombroso! ¿No es así?"

"¡Increíble!", se hicieron eco los supremacistas.

"Hay leyes que impiden que una persona se dañe a sí misma y dañe a otros, ¿verdad? Bueno, el no nacido es un ser humano vivo. ¿Qué pasa con sus derechos? Además, muchas mujeres que han tenido abortos sufren de TEPT y otras enfermedades, algunas se suicidan. ¿Qué le dices a eso?", preguntó Hipócrito.

"No estamos aquí para debatir estos asuntos; ¿Lo somos? Como saben, nada está hecho en piedra. Las leyes cambian con el tiempo dependiendo de la confluencia de fuerzas. Estamos aquí para ver cómo podríamos aprovechar los problemas para expandir nuestra base y ganar las próximas elecciones. Algunas cosas son la política; algunos son solo negocios; algunos son ambos, y otros son ciencia simple. Avíseme cuando lo haya descubierto", respondió Politricko.

Risa.

Hippocritus respondió: "Encontrar inconveniente dar a luz a un niño y más fácil tirar al feto por el desagüe no hace que el aborto sea correcto, ¿verdad? ¿Qué pasa con otras alternativas? Si las mujeres tienen derecho sobre sus propios cuerpos, ¿por qué les impedimos suicidarse? Si a las mujeres no se les permite suicidarse, ¿por qué deberían matar a niños indefensos? Cuando las mujeres abortan la vida de un niño, ¿son solo sus cuerpos los que están ejerciendo un derecho sobre? ¿Quién defiende el derecho de los que no tienen voz?"

Politricko despidió a Hipócrito con una mirada de regaño.

"Una vez nacidos, no escatimaremos esfuerzos para proteger a los niños, y si se pierden serán encontrados. Sin embargo, el no nacido es responsabilidad de las mujeres", refutó Politricko.

"¡Amén a eso!", Gritó Finesse.

"Los problemas que enfrentamos hoy no son nuevos. Y estamos a la altura de las tareas. Hasta ahora, simplemente intercambiando etiquetas, hemos podido blanquear cualquier cosa y limpiarla. Nuestra gente es muy creativa y encontrará una solución a cualquier problema. Por ejemplo, nuestro pueblo supremo no sólo ha creado hechos alternativos, de los que estamos orgullosos; también hemos creado sexo alternativo".

Risa.

"También estamos en etapas avanzadas de manipulación de genes para crear humanos con superpoderes, con el objetivo de establecer un brazo de superérsitis de los militares. Usando una combinación de habilidades obtenidas de disciplinas como la robótica, la biología y la psicología, crearemos un equipo con habilidades sobrenaturales. Continuaremos entrenando a nuestros hombres y mujeres de servicio para dar lealtad de culto a sus superiores y a la nación. Los reclutas se sentirán honrados de ya no verse a sí mismos como civiles ordinarios, sino como protectores de nuestro pueblo supremo y como guardianes del universo. Estamos comprometidos a liberar a los oprimidos en las partes más lejos de la tierra. Sin embargo, en aras de la supervivencia, estamos obligados a vigilar a los negros en Estados Unidos. Representan una amenaza existencial para la seguridad nacional".

"Amén a eso", dijo Hipócrito.

"Las cosas son lo que son, amigos, y lo que podemos hacer que parezcan. No siempre se trata de lo que es verdad; se trata de la lente a través de la que vemos. No siempre se trata de lo que es correcto; tenemos que elegir nuestra lucha. Y lo que vemos no siempre es lo que obtenemos. A menudo obtenemos lo que queremos ver. La interpretación de los hechos hace un mundo de diferencia y puede crear un mundo diferente. Somos creadores de hechos alternativos y todo tipo de piratear. Nuestra gente suprema puede convencer a otros de que lo que ven con sus propios ojos no es real, y podemos crear hechos alternativos. Además, las cosas rara vez son lo que parecen. Tenemos que leer entre líneas. A veces lo que se dice es tan importante como lo que no se dice, y lo que se dice puede tener más de un significado. Debemos confiar en nuestros líderes y hacer exactamente lo que se nos dice", declaró Politricko.

"Debemos confiar en nuestros líderes y hacer exactamente lo que se nos dice", se hicieron eco los supremacistas.

"Todo es mente sobre materia, amigos. Si a una persona no le importa, no importa", comentó Spindecker.

"Al final del día creamos nuestra realidad. Mucho depende de los sistemas de creencias y de lo que estamos tratando de lograr. El sesgo inconsciente y deliberada puede informar hechos seleccionados y utilizados como evidencia para probar creencias y teorías. Otros hechos que apoyan la evidencia de lo contrario pueden ser ignorados o explicados creativamente. Esto puede crear una burbuja que no tiene una relación real con el mundo externo de los hechos concretos. Curiosamente, si una persona cree honestamente que una cosa es verdad, para esa persona es verdad. Realidades verdaderas o falsas, alternativas y contrastantes pueden ser utilizadas a nuestro favor".

"¡De hecho!", exclamó Evildumb.

"Las realidades alternas y contrastantes nos permiten dividir y conquistar fácilmente. Además, tenemos que ser de mente amplia. Como políticos, necesitamos ajustar nuestras mentes para acomodar los puntos de vista de todos. Al darnos cuenta de esto, hemos revisado el espectro de género para hacerlo más elástico e inclusivo. Hemos pasado de una comprensión estrictamente masculina y femenina del género a incluir perspectivas homosexuales, lesbianas, bisexuales y transgénero. Hemos agregado la palabra 'queer' para representar a cada persona gay a lo largo del espectro LGBTQ. Como resultado, esta comunidad ya no vive avergonzada y se esconde en el armario. Hoy se celebra el orgullo gay. Las personas homosexuales ya no son consideradas como raras; son acepta-dos como queer. El género ya no está determinado por la biología; está determinado por la psicología y es una construcción social. Las personas ahora son libres de determinar su género independientemente de los instrumentos biológicos. Pueden identificarse como el género de elección, y también tienen la libertad de cambiar de opinión o presentarse como hombres y mujeres. También hemos logrado hacer de la preferencia sexual una cuestión de derechos humanos. Ya sean homosexuales o heterosexuales, hombres o mujeres, bisexuales o transexuales, debemos defender los derechos de todos. Cada persona tiene derecho a tomar decisiones sobre su propio cuerpo. Todo es mente sobre materia. Si las personas disfrutan de lo que hacen, no importa. Es asunto de ellos. A cada uno lo suyo. Las personas ahora son más creativas al expresar su sexualidad. Cuando éramos jóvenes, nos enseñaron que el pene es a la vagina, y la vagina es al pene. Ya no es así. El pene ya no está restringido a la vagina. De hecho, le hemos dado un nuevo nombre. El pene ahora se llama polla. Dick es una herramienta más versátil y es capaz de sumergirse en recipientes de varias marcas y modelos. Ni siquiera los instrumentos diseñados para la defecación se salvan del bautismo por semen. La capacidad de navegar tanto por Charm como por Harry es increíble. Además, las bestias no están fuera del límite. Cuando todo está dicho y hecho, independientemente del instrumento, ya sea blanco o negro, masculino o femenino, queer o heterosexual, estamos obligados a dividir. Al dividir, conquistamos, ejercemos nuestro poder y disfrutamos de la gloria", dijo Politricko.

"¿Qué sucede cuando el viagra ya no funciona? Preguntó Redhead?"

"Solo tienes que ser más creativo, supongo", respondió Politricko con desdüidad.

"¡Free-dom! ¡Free-dom! ¡Libertad!", coreaban los supremacistas.

"Estamos felices de que nuestra población gay haya salido del armario y de que haya una creciente aceptación de nuestros hermanos y hermanas queer. Necesitamos vivir como una gran familia feliz; ¿No es así? Las personas homosexuales deben ser aplaudidas y recompensadas por estar dispuestas a exponer y expresar su verdadero yo. Se necesita mucho coraje para ser honesto, especialmente porque en Estados Unidos la honestidad no siempre es la mejor política", se reincorporó Politricko.

"¡Puedes decir eso de nuevo!", intervino Bigote.

"Si todo se trata de felicidad, entonces estamos en un gran lío, porque una persona puede ser gay y no feliz y feliz y no gay. Las emociones por sí solas no son una base suficiente para las relaciones. Tiene que haber algo más confiable", aportó Hipócrita.

"Esto me lleva a otro asunto: me preocupa que las personas homosexuales puedan ser tan odiosas e intolerantes como los homófobos. Objeta el estilo de vida, y los gays harán que los fuegos del infierno se atepen incluso sobre aquellos que respetuosamente no están de acuerdo. Estar en desacuerdo respetuosamente no es garantía de que una persona no será irrespetada.

Muchos tienen dificultades para no equiparar el desacuerdo con el odio. Invariablemente hay una reacción exagerada a la desaprobación. Incluso cuando no se expresa de manera antagónica, la tendencia es arremeter y tratar de silenciar las voces disidentes. A menudo hay un intento de intimidar a otros para que adopten el estilo de vida, siendo la necesidad de amplitud de ideas el argumento principal. Es como si las personas queer deseasen que otros respeten sus elecciones, pero no están dispuestas a devolver la cortesía. Estar en desacuerdo es convertirse en un enemigo, por lo tanto, en hostilidades. En lugar de seguir tranquilamente con sus asuntos, las personas queer están constantemente en la cara de los demás, buscando atención y tratando de forzar el acuerdo".

"Algunas personas nunca crecen, ¿verdad? Por cierto, se ha dicho que los políticos tienen un problema similar", intervino Evildumb.

Risa.

"Sea como fuelo, el matrimonio ahora está permitido en 'parejas' del mismo sexo. Dado que no son parejas reales en el sentido estricto de la palabra, las parejas homosexuales son parejas. Como socios, están unidos como marido y mujer, y como esposa y esposa. Además, las personas queer ahora pueden adoptar niños. Estas libertades se defienden con firmeza como cuestiones de derechos humanos. La puerta ya está volada y nadie está calificado para tirar una piedra. Si no tenemos cuidado, el FMI, US AID y otras organizaciones pueden comenzar a usar estos derechos recién adoptados como base para la ayuda humanitaria, subvenciones y préstamos para chantajear a los estados nacionales para que legalicen la homosexualidad y las uniones entre personas del mismo sexo. Incluso pueden dificultar la supervivencia de los inconformistas. Ya las guerras culturales se están calentando", afirmó Hippocritus.

"¡Free-dom! ¡Free-dom! ¡Libertad!", coreaban los supremacistas.

"Creemos en la libertad, amigos. La libertad de hacer lo que queramos, con quién y cuando queramos es una parte fundamental del experimento estadounidense. Y creemos en apoyar a la familia".

"¡De hecho!", comentó Hipócrito.

Politricko continuó presumiendo: "Hasta ahora, hemos logrado que los hombres sean tan afeminados y las mujeres tan *machismonadas* que a veces hay dificultades para diferenciar. Difuminar las líneas ha hecho posible la aparición de nuevas oportunidades de negocio. Por ejemplo, la industria de la confección ahora está creando vestimenta unisex, y se han levantado las barreras que restringen ciertos roles a estrictamente masculinos o femeninos. Además, hemos logrado que la tolerancia signifique amplitud de mente, la agresividad signifique asertividad y equiparar la permisividad con el progreso. Nos hemos adaptado al cambio y a ser políticamente correctos. No se trata de molestar a las personas o hacer que alguien se sienta juzgado debido a sus elecciones. Creemos en la libertad de elección", declaró Politricko.

"¡Amén a eso!", exclamó Spindecker.

"Para avanzar, necesitamos comprometernos a ser inclusivos. Todos merecen un asiento en la mesa, incluidas las personas queer. Además, las personas homosexuales son ahora una fuerza formidable a tener en cuenta. Los necesitamos de nuestro lado. Por lo tanto, estamos obligados a ajustar nuestro pensamiento para acomodar el cambio. O nos adaptamos o perecemos. Las organizaciones más exitosas son adaptables. Para adaptarse al cambio, están viendo que sus números se disparan increíblemente. Por ser más inclusiva, nuestra organización encontrará más favor entre el público en general. Tenemos que ser inclusivos, amigos. Tenemos que ser inclusivos. Sugiero, por lo tanto, que castiguemos a cualquiera que participe en un discurso ofensivo o que discrimine irrazonablemente a las personas queer. Necesitamos comprometernos a crear una sociedad donde las elecciones individuales sean aceptadas por todos y sean exigibles por cualquiera", opinó Politricko.

"Aunque creemos en la libertad de expresión, esto necesita ser regulado para evitar comportamientos egoístas e irresponsables. Por ejemplo, las personas son libres de expresar claustrofobia pero no homofobia. Aparte de la persona que experimenta miedo de estar en espacios pequeños y cerrados, la claustrofobia no afecta a nadie. Por otro lado, la homofobia afecta a una parte significativa de la población. Expresarlo, particularmente en presencia de personas queer, es insensible y odioso. En nuestro libro, expresar un desacuerdo público con el estilo de vida queer es ser odioso. Definimos el discurso de odio como comentarios despectivos que expresan desacuerdo o desdén por el estilo de vida de una persona, principalmente las prácticas sexuales y religiosas. Aunque por definición "queer" es el reconocimiento de la anormalidad, nos gustaría que la comunidad LGBT fuera aceptada como normal y tratada como todos los demás. Las personas queer merecen los mismos derechos y privilegios que los ciudadanos comunes. Si es posible tener hechos alternativos, debería ser posible tener relaciones sexuales alternativas. A cada uno lo suyo. Por lo tanto, prohibiremos las críticas a este extraordinario grupo. Estamos obligados a vivir y dejar vivir a los demás. Además, los caucásicos representan la mayoría. Son nuestra gente y necesitan nuestro apoyo", declaró Hipócrito.

"Estamos obligados a vivir y dejar vivir a los demás", se hicieron eco los supremacistas.

"Necesitamos ser inclusivos y abstenernos de discriminar a las personas por motivos de orientación sexual. La sexualidad es un instinto básico y no debe limitarse a la forma en que puede expresarse. Discriminar por motivos de orientación sexual es abominable".

"Discriminar sobre la base de la orientación sexual es abominable", se hicieron eco los supremacistas.

"No puedo enfatizar lo suficiente lo importante que es ganar las próximas elecciones. Estamos comprometidos a desacreditar al oponente por cualquier medio necesario y tomar las elecciones. En política, no se trata del arte del trato; se trata del arte del robo. La mejor manera de robar la base es desarrollar el arte de eslinga barro. Dado que los políticos a menudo están atrapados en un *festival de lodo de* todos modos, necesitamos desarrollar nuestro oficio. Los candidatos mejores en el fango tienen la mejor oportunidad de ganar. Debemos encontrar o crear tierra y lanzarla con todas nuestras fuerzas al oponente, amigos. Tenemos la capacidad de plantar evidencia o fabricar suciedad en cualquier persona; ¿No es así? Estamos obligados a desacreditar al oponente por cualquier medio necesario. Encuentra el barro y trabaja. Si no hay ninguno, cree algunos. Tenemos hechos alternativos y todo tipo de piratear, señores, usémoslos".

CAPÍTULO 9

Sr. Jerrymander

Jefe del Departamento de Tierras

El Sr. Jerrymander, Jefe del Departamento de Tierras, subió al podio.

"Compañeros supremacistas, no hay necesidad de dar más detalles sobre lo que ya se ha dicho. Estoy de acuerdo en que vivimos tiempos difíciles y que se necesitan medidas drásticas. Gran parte de lo que se propone depende de nuestra capacidad para mantenernos en el poder. Por lo tanto, estamos obligados a seguir ganando elecciones por cualquier medio necesario. Me especializo en redibujar los límites electorales, suprimir los votos negros y minimizar la competencia. Naturalmente, no todas las personas blancas apoyan mis tácticas, pero es lo que es. Además, hay traidores entre nosotros. Los jóvenes en particular no son tan patrióticos y parecen tener dificultades para apreciar nuestra perspectiva. La generación anterior se mantiene firme y no se moverá. Continuaremos manteniendo la línea hasta que muramos. El favor también se puede encontrar entre los blancos pobres, es decir, los incultos y poco educados. De todos modos, continuaremos asustando a los no comprometidos hasta que reciban el mensaje y se ponga de nuestro lado".

Risa.

Todos están obligados a elegir un bando. Los que no están con nosotros están en contra de nosotros", remarcó el Sr. Begote.

El Sr. Jerrymander estuvo de acuerdo y continuó su discurso: "Permítanme recordarles que los redactores de la Constitución nunca pretendieron que los negros fueran tratados por igual que los blancos. Tampoco era su intención que los negros se convirtieran en ciudadanos y que los negros tuvieran derecho a voto. Al igual que nosotros, creían que todos los hombres son creados iguales, pero algunos son más iguales que otros. Este es el orden natural de las cosas. Por lo tanto, nos corresponde mantener el orden de Dios y hacer que Estados Unidos vuelva a ser blanco".

"¡Poder blanco! ¡Poder blanco!", corearon los supremacistas, hasta que Jerrymander los calmó.

"Nuestra seguridad es crítica, por lo que debemos estar en un estado de preparación constante en caso de que haya protestas. Debemos armar a la policía como si estuviera en guerra. Seamos realistas, la policía es nuestra ejecutora y, por lo tanto, debe tener lo que necesite, incluidas armas de estilo militar para mantener la ley y el orden. Estamos obligados a mantener a los negros en su lugar por cualquier medio necesario".

Más cánticos: "¡Poder blanco! ¡Poder blanco!"

"Debemos continuar impidiendo que el Congreso apruebe leyes de control de armas. Todo ciudadano tiene derecho a portar armas, ¿verdad? El arma de elección es un asunto personal. En el caso de que los negros intenten derrocarnos, estaremos listos. Lo acogemos con beneplácito. Estamos mucho más equipados; además, tenemos a los militares y la policía de nuestro lado. Una guerra racial estaría a nuestro favor, especialmente si la iniciaran los negros. Estarían jugando directamente en nuestras manos, amigos. Estarían jugando directamente en nuestras manos. Que lo traigan. Estamos listos".

Risa.

"Como saben, la propiedad de la tierra es una clave importante en la creación de riqueza intergeneracional y, por extensión, en el empoderamiento. Para mantener a los negros desempoderados y marginados, usaremos medios creativos para negar la propiedad de las tierras. Además, reduciremos el valor de la propiedad que ya poseen y dificultaremos que los negros obtengan préstamos. Cobraremos tasas de interés más altas en comparación con lo que se cobra a los blancos. Reescribiremos la historia y minimizaremos sus logros. Por cierto, esta cosa crítica de la teoría de la raza de la que están hablando de la enseñanza en las escuelas nunca sucederá. Tampoco habrá reparaciones para los negros. No sobre mi cadáver. Los negros han sido nuestros esclavos. Los compramos legalmente, para usarlos o tratarlos a nuestro antojo. Aunque ya no son esclavos, ellos son inferiores, y nosotros somos superiores. Sigamos así. Continuaremos des empoderando y manteniendo a los negros abajo para que no puedan levantarse contra nosotros. Se desearán o desperdiciarán. ¿Qué dices?"

"Amén a eso", comentó el reverendo Hippocritus. "Si no son blancos, no tienen razón".

“Ahora debo señalar su atención sobre otro asunto. La gente de D.C. está clamando por la estadidad. A pesar de su creciente población y su importante contribución a la economía de la nación, nos aseguraremos de que esto no suceda. Si D.C. se convierte en un estado, tendremos una espina en nuestra carne en cada elección. Por lo tanto, debemos centrarnos en suprimir el voto negro. Dificultaremos que los negros voten y que se eliminen tantos como sea posible de la lista de votantes, en los 50 estados”, declaró Jerrymander.

Siguió otro cántico: “Los negros no nos reemplazarán. Si no son blancos, no tienen razón”.

CAPÍTULO 10

Sr. Finesse

Jefe de Finanzas y Planificación

El Sr. Finesse, Jefe de Finanzas y Planificación, subió al podio para hacer su contribución. "Señores, mis sugerencias son bastante simples y, en gran medida, ya están en su lugar. Sugiero que mantengamos a los negros en el extremo inferior del grado salarial, a pesar de las calificaciones. Págese lo suficiente para que vuelvan a trabajar para nosotros. Hacer que sea difícil para ellos ir a la universidad o enviar a sus hijos a buenas escuelas. Podemos des empoderarlos negándoles una educación de calidad y empleos bien remunerados. Desmantelaremos la Acción Afirmativa y, en su lugar, nos centraremos en apoyar la agricultura, la minería del carbón y otras empresas propiedad y operadas por nuestro pueblo supremo. Haremos que sea difícil para los negros obtener préstamos, convertirse en trabajadores por cuenta propia y expandir sus negocios. Les cobraremos tasas más altas que las tasas de interés cobradas a los blancos. Disminuiremos los fondos para las organizaciones de derechos civiles, sus auxiliares y los diversos servicios sociales. Reduciremos Medicaid y aumentaremos el costo del seguro de salud. Mantendremos los salarios en el mínimo, reduciremos la vivienda subsidiada para los pobres, como la Sección 8, y aumentaremos el pago inicial de los préstamos de vivienda aprobados por HUD. Haremos que sea más difícil para el pueblo negro calificar para cualquier forma de asistencia o beneficio estatal. No nos preocupan los muy pobres; nos preocupan los muy ricos. Son los ricos entre el pueblo supremo los que nos hacen verdaderamente grandes. ¡Recuerda eso! Por lo tanto, daremos a los ricos exenciones fiscales y les otorgaremos privilegios especiales. Afortunadamente para nosotros, no tenemos que preocuparnos por las repercusiones. Después de todo, el 47 por ciento de la gente votará por nosotros pase lo que pase. Demos exenciones fiscales a la clase empresarial y a la élite. Recuerde que son los ricos los que pagaron la factura de nuestras campañas electorales; además, algunos de nosotros recibimos apoyo tangible como grupos de presión. No podemos morder las manos que nos alimentan. ¿Podemos? Además, cuanto más ganan los ricos, más se filtra. Naturalmente, continuaremos cuidando a nuestros grandes agricultores y asegurándonos de que no sufran competencia desleal".

"¡Poder blanco! ¡Poder blanco!", coreaban los supremacistas.

"Nuestro plan está funcionando muy bien, en lo que respecta a la disparidad de ingresos. La brecha ha sido amplia a lo largo de los años, y hay planes en marcha para hacerla aún más amplia. Hasta ahora, la familia blanca promedio tiene diez veces más riqueza que la familia negra promedio, los graduados universitarios blancos siete veces más que los graduados Negros, y los desertores blancos de la escuela secundaria tienen más que los graduados universitarios negros. También hemos logrado garantizar que los negros sean el único grupo que no ha recibido reparaciones por el racismo patrocinado por el Estado. Nuestro objetivo es mantenerlo así".

Risa.

El Sr. Finesse continuó: "Mientras que nuestra gente suprema está ganando económicamente, estamos disminuyendo en popularidad. Una de las razones es que somos demasiado inflexibles. Nuestros valores, por ejemplo, deben ser más fluidos. Necesitamos adaptarnos a los tiempos cambiantes, amigos. Incluso las iglesias ahora están viendo la luz. En consecuencia, la mayoría ya no se molesta en predicar contra el pecado. Y aquellos que toman una posición contra el pecado no saben cómo condenar el pecado sin condenar al pecador. Sin embargo, predicar contra el pecado simplemente no es bueno para los negocios. Entonces, donde se predica en contra, el pecado se describe en un lenguaje y tono menos ofensivos. Por ejemplo, el pecado ahora se describe como debilidad o enfermedad que debe ser tratada, no como maldad que debe ser condenada y evitada. Los sermones son principalmente motivacionales. Se pone un fuerte énfasis en la riqueza o la ganancia material, también conocida como la doctrina de la prosperidad. No queremos que nos quedemos atrás, ¿verdad? El mundo está en constante cambio, amigos. Nos adaptamos o perecemos; nos adaptamos o perecemos. Como políticos, estamos obligados a mantener nuestras opciones abiertas. Pero debemos estar preparados para hacer lo que sea popular y práctico".

"¡De hecho!", Respondió Spindecker.

"Todo lo que hacemos se mide por la opinión popular. Es la prueba de fuego del bien y del mal. Estamos obligados a respetarlo. De lo contrario, no realizaremos la venta. Como entidad política, no podremos vendernos ni sobrevivir si no nos conmutamos con la ola de opinión popular y las necesidades de nuestro pueblo. Necesitamos decirle a la gente lo que quiere escuchar, con el fin de conseguir y mantener el trabajo. Además, las calificaciones son muy importantes. Tenemos que estar en la cima de la tabla de clasificación en todo momento. Primero debemos capturar los corazones y las mentes de la gente antes de que podamos capturar las elecciones. Es solo negocio, amigos; solo negocios".

"Es solo un negocio, amigos; solo negocios", se hicieron eco los supremacistas.

"Complacer a nuestros electores nos hace populares. Además, si no están contentos, no tendremos trabajo. Así de simple. Gran parte de lo que se hace en la arena política es impulsado por las demandas de la gente o por la opinión popular. Si está disgustado, nuestro partido no estará en el poder. Nos vemos obligados a elegir el poder sobre el derecho y la popularidad sobre la moralidad. Para tener éxito, debemos ser políticamente correctos y progresistas", declaró Finesse.

"Debemos ser políticamente correctos y progresistas", se hicieron eco los supremacistas.

"Hemos logrado equiparar la permisividad con el amor y la amplitud de mente, y, como consecuencia, hemos expandido el consumo de drogas legales e ilegales. Esto también ha permitido a nuestros abogados supremos, médicos, terapeutas, inversores, banqueros y otros lograr ganancias inesperadas. El secreto del éxito, amigos, es ir a donde está el tráfico o atraer más tráfico. Si queremos obtener ganancias, debemos discernir y capturar el tráfico. El mercado está impulsado por el consumidor, ya sabes. Si no respondemos a las demandas de los consumidores, nos quedaremos atrás", afirmó Finesse.

"¿Dónde influye la moralidad en todo esto?", preguntó Hipócrito.

"Mi pregunta es ¿qué tiene que ver la moralidad con algo? Además, no hay bien ni mal: a cada uno lo suyo. Además, no se trata de lo correcto; realmente se trata de poder. Quien tenga el poder puede tomar las decisiones. Además, estamos tratando de crear una sociedad amoral aquí, una en la que la ética suprema sea la conveniencia o el pragmatismo. Es solo negocio, amigos; solo negocios. Hacemos lo que hay que hacer. No necesitamos más religión; lo que necesitamos es lealtad y creatividad inquebrantables. Necesitamos tener nuestras prioridades correctas y ser adaptables si queremos lograr el éxito".

"¡De hecho!", declaró Sportington.

"No necesitamos más religión. Lo que necesitamos es más dinero. La angustia financiera está en la raíz de muchos crímenes, comportamientos antisociales, problemas de salud, problemas educativos y es una de las principales causas de divorcio. Hay tantos divorcios en las iglesias como entre los que no van a la iglesia; la razón principal es la angustia financiera. No se puede lograr mucho sin dinero, amigos. El dinero es la ruta hacia la movilidad ascendente y es la solución a una serie de problemas".

"Bien dicho", intervino Evildumb.

"El dinero es un dios amigos. Si no me crees, echa un buen vistazo a nuestra moneda. En él están claramente inscritas las palabras: "En Dios confiamos". Asociar a Dios con el dinero hace que el dinero sea más deseable. Sin embargo, muchos no confían verdaderamente en Dios. La mayoría deposita su confianza en el dinero. Muchos no nos aman por ningún valor intrínseco que aportemos a la mesa o nuestro buen carácter. Nos aman por lo que podemos hacer por ellos, y quieren lo que tenemos: nuestro dinero y lo que puede ayudarlos a lograr. Por otro lado, el dinero magnifica nuestra voz; nos da el poder de la influencia y nos permite manipular a las personas y las cosas para que se adapten a nosotros mismos. Usamos el dinero para crear realidad, inventar cosas nuevas y hacer desaparecer las viejas, incluidas las personas. Dios es quien queremos que sea, amigos. Para nosotros es dinero. Nuestro dios es Dollar Almighty, y nuestra religión preferida es Moolah. Con Moolah, tenemos el poder de hacer cualquier cosa. El dinero nos da fuerza, amigos. El dinero nos da poder. En Moolah confiamos", afirmó Finesse.

"¡Tenemos el poder! ¡Tenemos el poder!", coreaban los supremacistas.

"Cuando tenemos dinero, somos alguien; si estamos rotos, no somos nadie, o simplemente otro tipo. Por lo tanto, algunos pueden sentirse obligados a hacer lo que sea necesario para hacerlo o morir en el intento. Las personas no son juzgadas por el contenido de su carácter; son juzgados por el contenido de su cuenta bancaria y por el color de su piel. Desafortunadamente para los negros, el mundo no es daltónico, por lo que los que están en bancarrota son el comodín de la manada. Los negros están en doble peligro".

Evildumb estalló en un canto: "No nigga nuh cry. No nigga nuh cry", burlonamente.

Risa.

El Sr. Finesse continuó su discurso: "La moralidad no es suprema, ni siquiera en la Corte Suprema. Las iglesias necesitan enseñar a sus congregaciones cómo ser financieramente prudentes. La inteligencia financiera es crucial para el crecimiento e impacta otras áreas de la vida, incluida la espiritualidad. Ayuda a alcanzar los objetivos personales y organizacionales. Algunos creen que la inteligencia financiera se ha mantenido deliberadamente fuera del sistema educativo, que el sistema fue diseñado para hacer que las personas sean empleables, no ricas. Las riquezas son el dominio del uno por ciento. Es el uno por ciento quien otorga subvenciones y dotaciones a las instituciones educativas, por lo que son los que pueden desarrollar la inteligencia financiera".

"¡Nunca fumes sin fuego!", exclamó Hipócrito.

"Una gran parte de nuestra responsabilidad tiene que ver con el dinero, ganar un salario decente y ser buenos administradores. No se puede lograr mucho sin dinero. El dinero hace que la mayoría de las cosas sean posibles. Además de magnificar nuestra voz, el dinero magnifica nuestra presencia. Todos nos ven y quieren hacerse amigos de nosotros. Nos conectamos bien y tenemos amigos en lugares de poder e influencia. Podemos lograr nuestro propósito y podemos comprar y hacer lo que queramos. El dinero es algo bueno, amigos; el dinero es bueno. Dios es bueno. Las personas que no tienen dinero son prácticamente sin voz, impotentes e invisibles. Y aunque una persona puede ser una bolsa de duchas vaginales, el dinero tiene la increíble capacidad de hacer que esa persona parezca respetable, inteligente y creíble. Debido a nuestra riqueza, tenemos amigos y tenemos libertad. El dinero nos da libertad, amigos; nos da libertad y muchos amigos".

"Libre por fin, libre por fin. Gracias a Dios Todopoderoso, por fin somos libres", respondió Evildumb, burlonamente.

CAPÍTULO 11

Sr. Pelirrojo

Defensor en Jefe

El Sr. Redhead, Defensor en Jefe, subió al podio: "Miembros del Consejo Supremo, me postulé para Presidente porque solo yo puedo solucionar los problemas que afectan a nuestra gran nación. Les agradezco la confianza depositada en mí y agradezco a nuestro pueblo su apoyo. Hillarious tuvo el descaro de llamarnos una canasta de deplorables. Ganamos, ¿no? Justo y cuadrado, ¿no? Chico, ¿les mostramos algo? Nuestro partido tuvo el mayor apoyo de multitudes en la historia política de nuestra nación, punto. Sin embargo, estoy empezando a sentirme traicionado por algunos, muchos de los cuales parecen enamorados del joven de África. Están actuando como si todavía fuera presidente. Yo soy el Presidente; ¿No es así? Según lo que dicen los medios de comunicación, parece que soy el presidente más odiado de la historia. La gente tiene algunas cosas desagradables que decir sobre mí. Algunos incluso se burlan de mis pequeñas manos, sugiriendo que tengo un problema allí abajo. Garantizo que el mío es más significativo en tamaño que todos los presidentes que me precedieron. No tengo ningún problema allí. Para empeorar las cosas, los medios de comunicación me maltratan y están constantemente informando noticias falsas. Por ejemplo, me acusan de faltarle el respeto a las mujeres. Me encantan las mujeres. Nunca le faltaría el respeto deliberadamente a una mujer. Esta cosa a tientas de la que están hablando está siendo sacada de contexto y sensacional izada por los medios falsos. Todo el mundo lo está haciendo. A los negros les gusta andar a tientas en la oscuridad. Los blancos no discriminan. Solo soy un tipo directo y seré el primero en admitirlo. Además, a las mujeres les gusta sentir que los hombres no pueden prescindir de ellas. A las mujeres les gusta que las manosean, ya sabes. Además, las mujeres también manosean, ¿no? Incluso hablan de su Dick, Tom y Harry. Incluso las personas que no son heterosexuales a tientas. Realmente no sé de qué se están queriendo los medios de comunicación".

La habitación explotó en risas.

El Sr. Redhead estaba tan *vaginado* que manoseaba lo que fuera, cada vez que …

Redhead continuó: "Anoche, tuve un sueño. Soñé que el FBI vino y arrestó a mis hijos y yerno y que el FBI estaba tratando de que mis amigos se volvieran contra mí. Mis hijos fueron acusados de corrupción, de violar ciertos códigos de ética y de enriquecerse a expensas de los contribuyentes. De alguna manera, los medios de comunicación falsos me atrajon a esto y estaba bajo una investigación cada vez mayor. Dijeron que viajaba con demasiada frecuencia a Florida; que mis gastos de viaje estaban por encima de lo normal; que mis viajes no habían beneficiado significativamente a la nación, pero de hecho habían sido vergonzosos, en algunos casos; que cuando hacía viajes al extranjero a menudo me detenía en uno de mis hoteles, incluso cuando había mejores alternativas; que mis hoteles cobraban de más a los contribuyentes por acomodarme a mí y a mi séquito; que debido a mis frecuentes viajes, el costo de mi detalle de seguridad había sido extremadamente alto; que he utilizado mi oficina para enriquecerme aún más influyendo en los dignatarios visitantes para que se alojen en mis hoteles, donde, por diseño, había programado reuniones; que no pagaba impuestos; que pasé demasiado tiempo jugando al golfo; que me faltaba empatía y clase, lo que fuera; que invité a Rusia y China a interferir en las elecciones; que tenía demasiados amigos condenados por comportamiento criminal; que había intentado influir en los tribunales y politizar el sistema jurídico; que soy vengativo y despiadado; que no puedo soportar oponerme ni dar cabida a puntos de vista divergentes; y que soy un fascista. El FBI dijo que necesitaban que Estados Unidos fuera más grande y no volviera a los días de Jim Crow. También me acusaron de ser divisivo, inflamar el odio y poner en peligro nuestra gran unión. Tuvieron el descaro incluso de sugerir que soy un mentiroso. Sabes que no miento; ¿no? Solo soy un tipo directo. Algunos chistes de vez en cuando, pero lo cuento como es. Parecía que el Presidente Obamanation era el principal instigador. Fue él quien puso al FBI a la altura de la investigación. Sabes que me ha estado espiando desde que entré en las últimas elecciones. Sabes, estoy cansado de que me investiguen. Es una caza de brujas. "Déjanos en paz. Déjanos en paz', grité. "Si quieres que alguien investigue, ¿por qué no encuentras a desonesto Hilarious?" Me desperté sudando profusamente. Hubo golpes en mi puerta. Pensé que el FBI había venido a buscarme, pero era un miembro del servicio secreto respondiendo a mis gritos. Le dije que estaba teniendo una pesadilla y de qué se trataba".

"Hay rumores de juicio político", dijo. "Algunos dicen que el Sr. Fling te va a tirar debajo del autobús, porque eres demasiado egoísta y que hay esqueletos en tu armario".

"¡Ese mentiroso! Sabía que no se podía confiar en él. Se va a acostar sobre mí, ¿verdad?"

"No lo sé", dijo el oficial. "En lo que a mí respecta, es solo un rumor".

"Tan pronto como el oficial de seguridad se fue, me dirigí hacia mi armario, buscando frenéticamente para ver si había algo inusual allí. Lo único que encontré que podía pasar por un esqueleto parecía ser una chaqueta que pertenecía a mi predecesor, el Presidente Negro. Parecía que lo dejó allí intencionalmente, para burlarse de mí, supongo. Desde que entré en la Cámara, la que construyó su pueblo, el fantasma de la obamanación me ha perseguido. No diría que me gusta la Casa Blanca. Siento que no pertenezco aquí y que no estoy a cargo. Sabes, creo que esos negros están trabajando vudú en mí. Algunos dicen que no lo son; son los indios, porque les robamos sus tierras. Te digo qué, la verdadera razón por la que no me gusta este lugar es que hay demasiadas restricciones y que el nombre de Obamanation aparece con demasiada frecuencia, como si él fuera quien estableció el estándar para el comportamiento presidencial. El pueblo está actuando como si fuera un dechado de virtud. ¡No puedo soportarlo! Además, no puedo molestarme con el protocolo; es demasiado confinante. ¿Sabes a qué me refiero? Francamente, es más fácil comunicarse usando Twitter que hablar cara a cara, tener una conversación por teléfono o escribir una carta. Aparte de eso, no puedo decir nada sin que los reporteros respiren por mi garganta. Parecen tener un problema con los hechos alternativos y con la amnesia. Todos nos olvidamos a veces, ¿no? Además, mis amigos no pueden acceder a mí sin saltar a través de muchos aros. Este trabajo es tan confinante. Me siento tan agobiado. El trabajo ha resultado ser más difícil de lo que pensé que hubiera sido. No es nada fácil. No es fácil".

"Las cosas no siempre son lo que parecen", intervino Evil-dumb.

"Justo sobre eso", declaró Redhead. "Justo sobre eso. Pensé que sería el rey de la selva y capaz de hacer lo que quisiera. La verdad es que me siento como un cautivo. La gente no hace fácilmente lo que se les dice, además de que necesito permiso para hacer ciertas cosas. ¡Imagínate eso! Aunque soy el jefe, estas personas me llevan a los tribunales por cada pequeña cosa. Y por cada desliz de la lengua, los medios falsos están sobre mí. ¡No puedo soportar a estos bastardos! Para empeorar las cosas, algunas personas realmente piensan que mi predecesor mostró más clase y demostró más sabiduría que yo. Todos ustedes saben que fui a una escuela de la Ivy League y que soy inteligente; ¿no? Cuando se trata de la guerra, sé más que los generales. Cuando se trata de política exterior, sé más que Hillarious. Cuando se trata de negociaciones, yo soy el negociador. Cuando se trata de impuestos, soy mejor que el Sr. Bernstein. Es socialista. Quiere quemar a los ricos y ayudar a los pobres. Si no ayudamos a los ricos, ¿de dónde van a salir los empleos? Cuando se trata de religión, he hecho más por la Iglesia que Jesucristo. Cuando se trata de ganar elecciones, soy el mejor. Sin ninguna experiencia en política y servicio público, me postulé para presidente por primera vez y gané. ¿No es así?

Tienes que creerme. Si no me crees, pregúntale a Meddelein. Se quedó en Rusia y me hizo mover la cola".

Risa.

"El Sr. Meddlein ha prometido hacerlo de nuevo. Pregúntale. Esto me lleva a otro punto: creo que deberíamos tener una mejor relación con Rusia. Amo a la hermosa gente de Rusia, y amo a su Presidente. Él es amable conmigo, y yo soy amable con él. Además, es un líder fuerte. Me gustan los líderes fuertes, las personas que pueden hacer lo que quieran sin ser atrapados … Sabes a lo que me refiero. Jugar según las reglas hace que una persona sea demasiado predecible y aburrida. Me gusta ser aventurero. El tipo que es atrapado es un perdedor y no se puede confiar en él. En tiempos de problemas, las personas que son atrapadas no son lo suficientemente inteligentes y es probable que se vuelvan contra ti. Me gusta el Sr. Meddelein; es un sobreviviente y es duro. Meddelein tiene todo bajo control y hace lo que quiere. Francamente, creo que deberíamos alejarnos de los problemas en el Medio Oriente y dejar que Rusia maneje a ISIS y a todos los locos allí abajo. Alejarse podría salvarnos millones y la vida de muchos de nuestro pueblo supremo. ¿No lo crees? Tenemos que lidiar con nuestros locos aquí, ¿verdad? Algunos dicen que soy uno de ellos", bromeó el Sr. Redhead.

Risa.

"Ocupémonos de nuestros propios asuntos aquí en casa y pongamos a nuestra gente suprema primero. No podemos asumir todos los problemas del mundo. ¿Podemos? Europa necesita un liderazgo fuerte y necesita encontrar una manera de trabajar en su salvación. No podemos involucrarnos en todo,

¿verdad? Tenemos suficientes problemas propios. Desafortunadamente, nuestros amigos en Gran Bretaña no son tan fuertes desde el Brexit. Para empeorar las cosas, parece que la Sra. Mequa, la señora de Alemania no puede mantener unida a la CEE por mucho más tiempo. Hay demasiados problemas allí. Además, la economía alemana está luchando. La Sra. Mequa no podrá mantener unida a la Comunidad Económica Europea por mucho más tiempo. No puedo decir que haya ninguna sorpresa allí. Las mujeres no estaban cortadas para este tipo de trabajo. Francia podría emerger como un líder, pero como la mayoría de Europa, Francia está en contra de Rusia. Creo que es hora de que nos hagamos amigos de Rusia, a pesar de sus violaciones de derechos humanos. Somos amigos de China, ¿no? Solo mantén a Cuba fuera de ella. Cuba nos avergonzó en Bahía de Cochinos, y no les perdonaremos por eso. Impondrámos sanciones a Cuba y le daremos a China paso libre. Vamos a golpear a Rusia y Cuba como COVID. Lástima si hay una catástrofe al estilo veneciano en Cuba. Estamos comprometidos a asegurar la caída del comunismo en todo el mundo. También estamos comprometidos a privar de derechos y des empoderar a los negros en Estados Unidos y en otros lugares. Representan una seria amenaza para la seguridad nacional y nuestra democracia".

"Amén a eso", coincidieron los supremacistas.

"El Sr. Meddelein es muy importante para nosotros. ¿Cómo podemos influir en otras naciones y sus líderes, si al menos no tratamos de ver las cosas desde su perspectiva? Me gusta el Sr. Meddelein, el Presidente de Rusia. Es un buen tipo. Tenemos mucho en común, ya sabes. Tenemos que cooperar con Meddelein, para garantizar el equilibrio de poder y mantener la paz en Europa. Dejar que Rusia tome Crimea no es gran cosa. Inglaterra tomó las Faulklands, y ni siquiera lloriqueamos, ¿verdad? Además, lo hemos hecho de manera similar en muchas partes del mundo. ¿Crees que Estados Unidos es inocente? No olvidemos que tomamos la Bahía de Guantánamo desde Cuba. Hicimos esto para proteger nuestros intereses en la región. En este mundo, el hombre fuerte gobierna, ¿verdad? Necesitamos ser gente fuerte. Un hombre tiene que hacer lo que un hombre tiene que hacer. Y, como dicen, "lo que es bueno para el ganso también es bueno para el ganso". Estados Unidos necesita dejar de jugar el juego más santo que tú y limpiar su propio acto".

"¡El Señor ayuda a los que se ayudan a sí mismos!", dijo Hipócrito.

"Incluso el diablo cita las Escrituras", bromeó Evildumb.

Risa.

"¡Espera! ¡Espera! Es hora de que Estados Unidos se mire bien en el espejo. Necesitamos mirarnos bien en el espejo cuando criticamos a Meddelein, porque también somos culpables de crímenes similares, ¿no es así? La CIA se entromete en las elecciones en otros países, ¿verdad? Aplicamos presión sobre cualquier nación que se niegué a cooperar con nosotros hasta que se desangre. O cooperan o son destruidos. Castro es el único líder del Tercer Mundo que sigue en pie que no ha cedido. El premio de consolación es la Bahía de Guantánamo. Tomamos Guantánamo con éxito para poder vigilar a Castro y hacer con nuestros prisioneros lo que queramos, sin obstáculos incluso por los tribunales internacionales. La verdad es que tratamos a las personas que no nos gustan o que no apoyan nuestro plan de la misma manera que al Sr. Meddelein. La única diferencia es nuestra etiqueta política y nuestro grado de apertura. Es cierto que Rusia rebasa despiadadamente a los disidentes y derroca a los gobiernos que no apoyan sus intereses. Pero también es cierto que Estados Unidos hace lo mismo a través del ejército, la CIA y el FMI. Estas estrategias no son nuevas y son bien conocidas. Los hemos estado usando durante décadas. Desestabilizamos a los países para explotar su riqueza y controlar a sus gobiernos. En Rusia, el hombre fuerte gobierna. Lo mismo es cierto para Estados Unidos. La diferencia es cómo se usan las fortalezas. Aunque las etiquetas son importantes, las etiquetas no siempre reflejan la realidad. Un gobierno puede ser autocrático y benéfico o democrático y cruel. La democracia es frágil y los líderes pueden corromperse. Los derechos humanos pueden seguir siendo violados independientemente de los sistemas políticos. La libertad no siempre es libre. Todo tiene un precio. Es difícil llamar a veces. La autocracia es mejor en algunas partes del mundo si el líder es benevolente. La gente a veces es demasiado rebelde y egoísta. Mira lo que ha pasado desde que sacamos a Sadam. Ahora toda esa región está en caos. En el análisis final, los hombres fuertes gobiernan el mundo, amigos; los hombres fuertes gobiernan el mundo".

"Los hombres fuertes gobiernan el mundo", se hicieron eco los supremacistas.

"Hacemos lo que hacemos por el bien común. En países como Rusia, las cosas se hacen por razones ideológicas y egoístas", respondió Hipócrito.

"En Estados Unidos, pretendemos ser gobernados por el estado de derecho y que vivimos en una democracia. Sin embargo, son los grupos de interés especial los que hacen la ley; además, la ley no se aplica de manera uniforme. Yo, por mi parte, puedo salirme con la suya con casi cualquier cosa, y también algunos de ustedes. Los negros no son tan afortunados. Es lo que es".

"Es lo que es", respondieron los supremacistas.

"Se ha dicho que 'el que paga al gaitero llama a la melodía', pero tú y yo sabemos que el que más paga siempre obtendrá la melodía o obtendrá una mejor melodía. Aunque respondemos a los electores, generalmente son los gatos gordos los que obtienen el mejor trato".

Risa.

"Tenemos un gran acto de equilibrio que realizar: hacer leyes que se ajusten a los deseos de los grupos de intereses especiales, los constituyentes, el partido y los intereses personales. Cuando todo está dicho y hecho, los compromisos son inevitables. La política se trata de ganar poder y permanecer en el poder. Las cosas no siempre son lo que parecen".

"Las cosas no siempre son lo que parecen", se hicieron eco los supremacistas.

"Para ser sinceros, aunque un gobierno democrático es por el pueblo, el gobierno no siempre está compuesto por representantes de todos los grupos étnicos y no es necesariamente para todo el pueblo. Las elecciones no siempre involucran a la mayoría. Además, los intereses minoritarios se socavan fácilmente, y a veces es al revés. Es lo que es", afirmó Politricko.

"Es lo que es", se hicieron eco los supremacistas.

"Además de ser agentes de poder, los políticos son hacedores de reyes. ¿De qué cree que se trata el Colegio Electoral? Se trata de usar el arte de la persuasión para lograr que las personas hagan lo que queremos que hagan, especialmente en casos de duda y desacuerdo. Se trata de garantizar que los agentes de poder tengan la última palabra con respecto a la persona que se postula para el cargo. El Colegio examina a los posibles representantes y decide sobre el candidato en el futuro para representar al partido y al pueblo. Aquellos en la autoridad ven el panorama general, a menudo conocen al candidato mejor que el público en general y, por lo tanto, pueden ayudar a los votantes a tomar mejores decisiones".

"Bien dicho", dijo Spindecker.

"En última instancia, unos pocos seleccionados pueden decidir el nominado y el candidato más probable para ganar en una elección. La democracia es frágil, amigos. Ni siquiera los redactores de la constitución confiaban completamente en el proceso. Sabían que el más popular no era necesariamente la persona más adecuada para el trabajo, por lo que crearon una puerta trasera para hackear el sistema, si era necesario. No podemos permitir que casi nadie obtenga un alto cargo, ¿verdad? De lo contrario, los criminales, mentirosos patológicos, estafadores y degenerados pueden convertirse en presidentes. Las personas que ocupan altos cargos deben ser patriotas. Deben ser leales al partido, a nuestros ideales y tener cierta integridad. Deben estar dispuestos a poner a nuestro pueblo supremo en primer lugar. Ejercer el derecho al voto es la forma más poderosa en que la gente común puede magnificar sus voces legalmente y obtener un asiento en la mesa. Llegan a tener un asiento en la mesa del poder, a través de sus representantes políticos. ¡Poder para el pueblo!"

"Poder al pueblo", se hicieron eco los supremacistas.

"El Colegio Electoral existe para garantizar que prevalezca la voluntad de los supremacistas. Por supuesto, esta no es la única razón, pero es importante considerarla. Tenemos que tener cuidado ya que cualquier persona con suficiente dinero e influencia puede tomar el poder en este país. El mejor candidato no está garantizado para ganar. Se necesita dinero para ser un ganador, amigos. Es por eso que siempre me pongo del lado de los ricos. En estos días necesitas muchos amigos ricos para tener éxito. Como dicen, 'El dinero hace que el mundo gire'. Es por eso que algunas personas lo fingen hasta que lo hacen. Fingirlo hasta que lo hagas".

"Fingirlo hasta que lo hagas", repitieron como loros los supremacistas.

"¡Muéstrame el dinero y te diré quién eres!", Exclamó Bigote.

"¡Rico!", Gritó Redhead.

Risa.

"La riqueza tiene la extraña capacidad de mitificar a las personas, haciéndolas parecer más atractivas, honorables y heroicas. En consecuencia, los pobres pueden ser tratados como escoria y los ricos como oro. Incluso un tonto puede ser considerado sabio cuando es rico. La diferencia entre ricos y pobres no es el carácter, ni la ambición ni la educación; es dinero. ¡Elegí ser rico! Muéstrame el dinero".

"Muéstrame el dinero", se hicieron eco los supremacistas.

"Los pobres no solo están en bancarrota; a veces son quebrantados por una sociedad que trata la pobreza como si fuera un crimen y a los pobres como si fueran criminales o escorias sin valor. En tales circunstancias, es difícil levantarse. Estar roto en el bolsillo y roto en el espíritu puede ser debilitante. Es posible quedar paralizado por la adversidad. También es posible estar traumatizado por la angustia mucho después del evento. Además, una persona atrapada puede causar estragos en la sociedad o autodestruirse".

"¡Perspicaz!", Respondió Spindecker.

"El valor más popular, amigos, es la riqueza, seguido de la blancura, luego la educación y el carácter moral, en ese orden. A pesar de lo que otros puedan decir, esta es la realidad en Estados Unidos. Los ricos tienen muchos amigos. Los pobres a menudo son despreciados, a veces por su propia gente o familia. Se les considera miserables y prescindibles. El dinero es la respuesta a todas las cosas, amigos; el dinero es la respuesta a todas las cosas. Siempre podemos usarlo como palanca para obtener lo que queremos", declaró Hippocritus.

"Es lo que es", afirmó Finesse. "El efectivo es el rey, y los que tienen el efectivo se convierten en señores del anillo".

Risa.

"La mejor manera de ganar amigos e influir en la gente es usar tu chequera. El dinero siempre te dará las llaves del reino, amigos. ¿Cómo supone que algunos de nuestros hijos ingresaron a las escuelas de la Ivy League, a ciertos trabajos o lugares de poder, o escaparon de la ley? El dinero comprará influencia en cualquier lugar, amigos. Los necesitados y codiciosos siempre están compitiendo por ello", declaró Finesse.

"¡Muéstrame el dinero! ¡Muéstrame el dinero!", coreaban los supremacistas.

El Sr. Redhead continuó su discurso: "El dinero puede comprar influencia, amigos. Y la influencia es poder. Cuanto más dinero tengamos, más influencia podremos comprar y, por lo tanto, estaremos en mejores condiciones de determinar el resultado de las elecciones. Por lo general, es el mayor gastador el que gana. Independientemente de lo que diga la gente, cualquier elección puede ser amañada. Podemos manipularlo con nuestro dinero. Gerrymandering es solo una forma de manipular el sistema. Es por eso que tenemos que ser duros, amigos. En la vida, eres presa o depredador. Estamos obligados a hacer a los demás antes de que ellos nos hagan a nosotros. Manipular las elecciones suprimiendo el voto negro es una estrategia que hemos utilizado en el pasado y estamos dispuestos a usar nuevamente. Esto se puede hacer de maneras que no deseo dar más detalles en este momento. Pero créanme, se puede y se hará. Dejar ir a los negros significa dejarlos votar y dejar que sus candidatos ganen las elecciones. No podemos permitir que eso suceda. No podemos permitirnos dejarlos votar, y no podemos permitirnos dejarlos ir. La realidad es que no podemos vivir con ellos y no podemos vivir sin ellos. Sin embargo, nadie va a comer mi comida. No sobre mi cadáver. Los negros no van a ninguna parte. Si los dejamos ir, serán como espinas en la carne. Ningún pinchazo me lo va a pegar".

Risa.

"Lo que no podemos eliminar, debemos controlar o debilitar. Si los negros deciden rebelarse, haremos que sus vidas sean un infierno. Si no se conforman, desearán no haber nacido nunca. Es tan simple como eso. El fuerte debe tener las cartas ganadoras o saber cómo manipular el juego. Tenemos que ser lo suficientemente fuertes como para hacer lo que debemos para ganar. Creo en ganar, amigos, ¿no? Ganar lo es todo. No hay sentimientos duros en lo que respecta a los perdedores. Es solo un negocio. Es por eso que los abogados son tan buenos políticos. Saben jugar a la pelota, y saben que es el mejor mentiroso el que gana. Además, saben que siempre pueden lanzar un caso y ganar más dinero. Es solo un negocio".

"Es solo un negocio, se hicieron eco los supremacistas.

"Déjame decirte algo, la reingeniería social no es nueva. No lo inventamos; lo heredamos. Además, no somos el único país que lo practica. Todo el mundo lo está haciendo. Tú haces a los demás antes de que ellos te hagan a ti, y sólo a los fuertes sur-vives".

"¡Amén a eso!", exclamó Politricko.

"Sólo los fuertes sobreviven", se hicieron eco los supremacistas.

"No somos diferentes de Rusia, solo más inteligentes. Hemos optado por presentar la ilusión de la democracia como un principio rector, porque muchos no nos apoyarán, si se dijera la verdad. En el análisis final, somos fascistas. Le decimos a la gente qué pensar y cómo pensar, y decidimos sobre los grandes temas. Solo nosotros sabemos lo que es mejor para ellos y para nosotros. Estamos obligados a poner a nuestra gente en primer lugar. Tenemos el deber moral de proteger y promover los intereses de nuestro pueblo supremo. La principal prioridad es hacer que nuestra nación vuelva a ser blanca. Concentremos, en la medida de lo posible, nuestra atención en restringir el crecimiento de las personas de color. Tenemos que mantenerlos abajo o mantenerlos fuera".

"Si no son blancos, no tienen razón. Si no son blancos, no tienen razón", coreaban los supremacistas.

"Ahora debemos dirigir nuestra atención al control de armas. Creemos en el control de armas, pero que el control de armas debe ser responsabilidad exclusiva del poseedor de armas. Creemos que las personas tienen derecho a adquirir armas de fuego para el deporte recreativo, para su protección, para la seguridad de familiares y amigos, y por supuesto, la defensa de su país. También creemos en las pequeñas empresas y, por lo tanto, apoyamos permitir que las pequeñas empresas compartan el pastel. Existe un gran potencial para el comercio a nivel local e internacional. Necesitamos hacer que la industria de las armas de fuego y las armas sea lo suficientemente sólida como para satisfacer las demandas de los consumidores. Tenemos que estar a la altura de las circunstancias y suministrar armas a África y a otros puntos críticos de todo el mundo, siempre que se presente la oportunidad. Si no los suministramos, China y otros lo harán. La gente necesita poder defenderse por cualquier medio necesario", declaró Redhead.

"La gente necesita defenderse por cualquier medio necesario", se hicieron eco los supremacistas.

"Por último, pero no menos importante: en general, tuvimos éxito en socavar la agenda del presidente negro. Le atamos las manos en muchas áreas y frustramos sus esfuerzos por promover los intereses de los negros. A pesar del aumento de los empleos y la reanimación del sector manufacturero, los negros, en general, no ganaron mucho económicamente. Nos aseguramos de que el Presidente Negro no tuviera la oportunidad de tener éxito en general, y de reemplazarnos en lugares clave de poder, donde importaba. Sin embargo, logró sacar algunas cosas a través de la acción ejecutiva, pero la amenaza para nosotros estaba bien contenida. Además de obstruir los proyectos de ley presentados por los demócratas, evitar que los proyectos de ley se aprueben en el Senado, negarse a firmar los proyectos de ley aprobados y retrasar la ejecución de los proyectos de ley firmados, ahora debemos intensificar nuestro juego para eliminar a todos los funcionarios negros del Gabinete, del Senado, de la burocracia federal y de todas las oficinas legislativas".

Siguió otro canto: "No podemos tener gente de color en posiciones de poder".

"En el pasado, hemos utilizado el filibusterismo para matar proyectos de ley de derechos civiles, entre otros. Continuaremos usándolo para evitar que cualquier proyecto de ley que no sea de nuestro interés vea la luz del día. Si no podemos blanquear, debemos desmayados. Si los negros son los que se beneficiamos, estamos obligados a bloquear o matar el proyecto de ley. Es el fuerte quien gana, y solo el fuerte sobrevive. Recuerda eso".

"Sólo los fuertes sobreviven", se hicieron eco los supremacistas.

"Es la supervivencia de los más aptos, amigos. Para mantener el dominio, nos vemos obligados a debilitar a los demás. Así de simple. Además, no podemos tener personas gobernando o tomando decisiones sobre nosotros que no puedan identificarse con nosotros o ver las cosas desde nuestra perspectiva. En ese sentido, necesitamos que más de nuestra gente suprema se convierta en jueces federales. Mucho después de que yo esté muerto y me haya ido, nuestro pueblo supremo continuará interpretando las leyes de la manera que deseemos y haciendo leyes que eleven a nuestro pueblo por encima de los demás. Necesitamos coordinar nuestros esfuerzos a nivel local, estatal y federal para ser efectivos. Tenemos que organizarnos para el éxito, amigos. Siempre debemos estar por delante de los negros. Debemos estar por encima de ellos y encima de ellos".

Risa.

"Aunque hemos logrado controlar a la población negra a través del aborto, el encarcelamiento, la esterilización, la vacunación y otros medios creativos, la población negra continúa aumentando, es decir, a través de la inmigración. Tenemos que tomar medidas drásticas contra eso. Nos dirigiremos a Haití, Nigeria y otros países de África, donde proliferan los negros. Les prohibiremos obtener visas permanentes. Ya sabes, muchas personas blancas también están migrando aquí, pero eso está bien. No tenemos ningún problema con la gente que viene aquí per se. Si son blancos, están bien. Simplemente no queremos que haya demasiadas personas negras corriendo, corrompiendo nuestra raza suprema y tratando de ser iguales a nosotros".

Todos se levantaron y dieron una ovación de pie. Como si

estuvieran dirigidos por una fuerza invisible, los supremacistas saludaron a su líder supremo: “Salve Pelirroja. Salve pelirroja”, coreaban los supremacistas.

El Sr. Redhead calmó al Consejo y continuó hablando: “En una nota más positiva, me complace anunciar que Maggie está comprometida para casarse con un verdadero príncipe, el tipo del Reino Unido. Es una buena mujer, ya sabes. Ojalá tuviera la oportunidad de hacer algunos manoseos allí, por decir lo menos”.

La habitación explotó en risas.

“Sé que te estás riendo conmigo porque te hubiera gustado hacer algunos manoseos. No es ningún secreto que todos amamos a las mujeres. Es parte de nuestro ADN. Después de todo, nuestros antepasados solían ayudarse a sí mismos a los esclavos. ¿No es así? ¿Por qué crees que tenemos tantos tonos de gente negra corriendo? Nuestros antepasados nunca violaron a nadie; simplemente se ayudaron a sí mismos a lo que les pertenecía. No hay nada de malo en disfrutar de su propiedad, ¿verdad?”

Risas de nuevo.

“No nos gustan las mujeres negras; nos gusta su vagina”, bromeó Evildumb.

Más risas. Entonces, como si estuvieran orquestados, algunos de los hombres mayores comenzaron a cantar:

Old REDHEAD tenía una granja,
E-I-E-I-O,
Y en su granja, tenía algunos polluelos,

E-I-E-I-O.
Con un grope, grope aquí,
Y un grope, un grope allí.
Aquí un grope, hay un grope.
En todas partes un grope, un grope.
Old Redhead tenía una granja,
E-I-E-I-O...

Hubo juerga carnavalesca.

El Sr. Redhead volvió a calmar al grupo y continuó hablando: "Pronto el Reino Unido compartirá una princesa con nuestro Pueblo Supremo Unido. A diferencia del presidente negro, Maggie ya ha elevado el estatus de nuestro pueblo supremo en el escenario internacional como actriz. Esperamos grandes cosas de ella. Aunque birracial, Maggie nació aquí y es más blanca que negra. Compañeros supremacistas, hemos cerrado el círculo. Nuestros antiguos amos coloniales, personas que una vez nos gobernaron y oprimieron, y de quienes tuvimos que liberarnos violentamente, pronto se unirán a la familia suprema en matrimonio. Tan agradable, ¿no? ¡Muy bien! ¡Muy bien! Cuando consideras que este no fue un matrimonio arreglado, que estos jóvenes están verdaderamente enamorados a pesar de las diferencias obvias, deberían ser felicitados y apoyados, ¿no es así? Tal vez algún día podamos gobernar el mundo juntos. Es curioso que se necesita una mujer para hacer esto posible. Si continuamos por este camino, tal vez uno de nuestros hombres tenga la oportunidad *de ser principito* y realeza. Me complace especialmente que finalmente podamos estar recibiendo algo de ayuda para construir nuestra Gran

Muralla, como la Gran Muralla China. Los chinos no tendrán nada sobre nosotros. ¿Lo harán?"

Una vez más, los supremacistas explotaron en un cántico: "China no tendrá nada sobre nosotros. China no tendrá nada sobre nosotros".

El Sr. Redhead se sintió inspirado. Reanudando su discurso, Redhead declaró: "La familia real tiene un tesoro gordo, y esperamos que nuestra princesa remita impuestos, al igual que cualquier otro ciudadano. Los capitalistas no hacemos excepciones para la realeza. Además, necesitamos la remesa para construir nuestra Gran Muralla. Incluso las personas supremas pueden usar un poco de remesas de vez en cuando, ¿no es así? Traté de que el hombrecito de México pagara por el muro, pero se negó a cooperar. Traté de incluir el costo del muro en el presupuesto, pero los brujos de México lo sabotearon. Trajeron varios huracanes sobre nosotros, afligiendo incluso a Puerto Rico. Esa es una de las razones por las que necesitamos deshacernos de los indios y los negros. Se ocupan de algunas cosas poderosas. Están demasiado involucrados en la brujería. Agregue el vudú de Haití, y estamos en verdaderos problemas. Incluso los verdaderos cristianos les tienen miedo. No nos ocupamos de la brujería. Nos ocupamos de la magia blanca. Es más científico. Consulté con los Illuminati, pero el Jefe pensó que lo estaba perdiendo".

Risas escandalosas.

"Aparte de eso, ya que no podemos obligar a los mexicanos a pagar por el muro y los sangrientos demócratas no nos dejarán tener los fondos necesarios, tendremos que encontrar otra manera. Maggie nos ha entregado un regalo. Solo el papado tiene más dinero que la familia real. La familia no debería tener problemas para pagar una regalía, ¿verdad?

Risa.

"Suena como caca real para mí", dijo Spindecker.

Más risas.

"Estás loco, pero me gusta", dijo Bigote.

Risas y charlas.

"En una nota más seria, no necesito recordarles que estamos en un año electoral. Por lo tanto, necesitamos ser más creativos si queremos mantenernos en el poder. Los demócratas claman por votar por correo. Votar por correo hará que sea demasiado fácil para los demócratas. Tenemos que resistir y dificultar que la gente de color vote. A menos que podamos hacer que el correo se mueva como un caracol, nos descarrilaremos. Por lo tanto, debemos idear estrategias para ralentizar el correo. Estamos obligados a hacer todo lo humanamente posible para privar de derechos a los Colores. Hubiera sido mucho más fácil si hubiéramos privatizado el sistema postal. No obstante, nuestro pueblo supremo está en su lugar para ayudar a controlar el voto, pero debemos andar con cautela. Somos ganadores, amigos. Tenemos que mantenerlo así, por cualquier medio necesario. Si tenemos que mentir sobre los resultados electorales, lo haremos. También duplicaremos nuestros esfuerzos para revertir las políticas del presidente negro".

El presidente negro había heredado la peor recesión desde la Gran Depresión. A pesar de los intentos de hacer avanzar al país, los supremacistas obstruyeron y frustraron sus esfuerzos. Sin embargo, se logró mucho a través de la acción ejecutiva.

Obamanation tenía aplomo, un gran intelecto y habilidades oratorias. Su perspicacia intelectual y sus habilidades oratorias eran envidiables. Pudo ver y apreciar las perspectivas de los demás y, por lo tanto, las incluyó en el proceso de toma de decisiones. Era muy humano: lloraba públicamente cuando los supremacistas asesinaban a hombres negros, especialmente cuando mataban a niños. Mostró enojo por la injusticia y reprendió públicamente a los malhechores.

El presidente Obamanation supo empatizar con las personas que experimentaban todo tipo de dificultades. No solo se preocupaba por los negros. Se preocupaba por las personas sin importar el color de su piel. Fue presidente de los estados que estaban unidos, así como de las condiciones que estaban divididas.

Era demasiado aburrido para los medios: no había mucho que sensacional izar o hablar. Estaba chirriantemente limpio, por lo que no había suciedad para arrojar su camino. A diferencia de su sucesor, Obamanation fue cauteloso, mesurado y transparente. Como resultado, no proporcionó mucho o ningún momento de "te consiguió". Algunos dicen que los supremacistas lo odiaban porque era demasiado digno, con clase y brillante. Parece que fue odiado por el respeto logrado a nivel local e internacional, o simplemente por ser negro. Él y su esposa trajeron brillantez y clase a la Casa Blanca, la Casa que construyeron los negros.

A pesar de los intentos de sabotear los esfuerzos para

reconstruir el país, Obamanation logró recuperar la economía del borde del colapso a una de recuperación y crecimiento. Muchas empresas se salvaron y se crearon puestos de trabajo. El presidente Obamanation también hizo todo lo posible para que los odiadores y perpetradores de crímenes sean más responsables. Por ejemplo, la policía que anteriormente se salió con la suya con el asesinato, basándose en pruebas insuficientes, ahora tiene que usar cámaras corporales cuando detiene a los sospechosos.

Los supremacistas blancos parecían haber sido vencidos por los celos y el miedo, el miedo a ser reemplazados por personas de color y los celos de los negros en aumento. Los celos y el miedo inflamaron la ira y alimentaron el aumento de la violencia. Algunos prefirieron ver arder el país que darle a la gente de color su turno justo. Dar a los negros una sacudida justa no era parte del paisaje mental de los supremacistas. Los negros tenían que ser mantenidos abajo para que se elevaran. El narcisismo condujo a todo tipo de ismos y cismas.

Los supremacistas no creían en la competencia justa o en nivelar el campo de juego, de ahí la renuencia a desmantelar el racismo sistémico en Estados Unidos. En cambio, las reglas se cambiaban constantemente para dar a los blancos una ventaja injusta y mantener el privilegio blanco. Los sentimientos de derecho eran la razón para un comportamiento deshonrado.

Redhead reanudó su discurso: "Las políticas de Obamanation son socialistas. Amenazan la seguridad nacional y socavan la supremacía blanca. Aunque no estamos seguros de con qué lo reemplazaremos, destruiremos a O' Care y venceremos a cualquiera que se interpone en el camino. Nuestros evangelistas supremos están de nuestro lado. El KKK, los Proud Boys, los Guardianes del Juramento, los nacionalistas blancos y las sociedades secretas, son todas buenas personas y están preparadas para hacer lo correcto. Solo tengo que decir la palabra. Nuestro pueblo supremo hará que nuestro país vuelva a ser grande".

"¡Genial de nuevo! ¡Genial de nuevo! ¡Hagamos que Estados Unidos vuelva a ser grande!", coreaban los supremacistas.

CAPÍTULO 12

Rev. Hippocritus

Jefe de Fundamentalismo Religioso

El orador final fue el reverendo Hippocritus, jefe del fundamentalismo. Era un pastor evangélico proveniente de Indiana. Afeitado, con sobrepeso y luciendo una barriga de olla, Hippocritus suba al podio. En un tono nítido y asertivo, se dirigió a la reunión.

"Hermanos, oh, vuestra organización es más ecléctica en estos días. Nuestras iglesias tienen diferentes posiciones doctrinales, pero están unidas en torno a nociones de supremacía, prosperidad y política. Políticamente, no somos ni de derechas ni de izquierdas, aunque más de derechas que de izquierdas. La mayoría de nuestras iglesias ya no predican contra el pecado. Simplemente no es bueno para los negocios. Nadie se vuelve si riente ofendiendo a los demás; Además, la gente no nos ayudará ni hará negocios con nosotros si no les gusta y no confían en nosotros. La mayoría son reacios a aceptar la verdad si la verdad los pone en una mala luz, aunque ansiosos por aceptarla sobre los demás. Además de perder "miembros de calidad", las iglesias corren el riesgo de ser superadas y perder su estatus de libres de impuestos. Además, por decir la verdad al poder, las iglesias pueden incluso ser acusadas de cometer un crimen de odio. En cierto modo, estamos amordazados. Las iglesias más prósperas son grandes en dar discursos motivacionales y entretenimiento. Las iglesias ahora complacen a las personas queer y a los ricos. Tememos a los hombres a quienes podemos ver más que a un Dios a quien no podemos ver. Inseguros del cielo o del infierno, estamos eligiendo nuestra recompensa ahora. Ya no podemos poner nuestros afectos en las cosas de arriba. Las cosas de abajo nos están desgastando y pesando. Por lo tanto, el enfoque ya no está en la santidad y la moralidad. El nombre del juego es prosperidad y trabajo en red. La premisa es que las conexiones correctas nos harán prósperos y viceversa. A quién conoces y quién te conoce son cruciales para la movilidad social. Hemos luchado con el dogma durante años y, como consecuencia, hemos alienado a los miembros ricos y más progresistas de la sociedad. Nos hemos ajustado a sus necesidades y hemos hecho que nuestra liturgia y dogma sean más fluidos y amigables con el cliente. Nuestro pueblo supremo ya está reinterpretando la Biblia de acuerdo con los valores y objetivos de los supremacistas".

"Ha-le-lujah", gritó Evildumb.

"Hermanos y hermanas, somos miembros leales del Partido Republicano, y nada sacudirá esa relación. Somos conservadores, y también lo es el Partido. Creemos que debemos obedecer a los gobernantes que Dios puso sobre nosotros y orar por ellos, y alentamos a los constituyentes a ser buenos siervos, obedecer a los amos y estar contentos en cualquier estado en el que se encuentren. Aunque podamos estar en desacuerdo, no haremos ni diremos nada para darle una ventaja a la otra parte. El enfoque está en el bien mayor. Por lo tanto, los amigos de nuestros supremacistas pueden contar con nosotros para una lealtad y un apoyo inquebrantables. La Iglesia Blanca continuará movilizando a sus miembros para apoyar al Partido contra el liberalismo. Al hacerlo, haremos que Estados Unidos vuelva a ser grande".

"¡Amén!", Gritó Redhead.

"Los negros que murieron durante y después de la esclavitud son víctimas del progreso. Esto sucede en todas las sociedades progresistas. En el reino animal y vegetal, las especies débiles mueren. Los fuertes son naturalmente seleccionados para vivir. Todos estamos evolucionando, amigos, algunos a un ritmo más rápido que otros. Desafortunadamente, algunos mueren en el camino, pero es lo que es. Siendo capitalistas, entendemos que algunos tienen que ser mantenidos pobres para que otros puedan ser ricos, y que algunos deben morir para que otros vivan. En esta jungla de la humanidad, es la supervivencia del más apto. Solo los fuertes sobreviven, y somos presa o depredador. La vida es simple, amigos. En este mundo, somos presa o depredador. ¿Cuál preferirías ser?"

"¿Es el Papa católico?", preguntó Politricko.

Risas escandalosas.

"Creo que todos sabemos la respuesta a eso. Es la supervivencia de los más aptos, amigos; supervivencia del más apto. Por lo tanto, haces a los demás antes de que ellos te hagan a ti. ¿Correcto? Nuestra gente es sobreviviente y es naturalmente seleccionada para gobernar. Al gobernar el mundo, estamos obligados a dominar a los seres inferiores y declarar que el poder blanco es el poder supremo. Estamos de acuerdo con la noción de que todos los hombres son creados iguales, pero algunos son más iguales que otros. Somos un pueblo privilegiado. No hay necesidad de negar eso, y no hay vergüenza en ello. Las ventajas que tenemos son naturales. Debemos afirmar nuestros privilegios y no negarlos por el bien de seres menores, por el bien de personas no tan privilegiadas. Los pobres siempre estarán con nosotros. Así ha sido siempre".

"Los pobres siempre están con nosotros", repitió Finesse.

"Cada uno tiene su lugar en la sociedad. Todos no pueden ser líderes, y todos no pueden ser ricos. Además, no podemos permitirnos permitir que nadie nos quite nuestros privilegios, las cosas que hemos llegado a amar y disfrutar. Además, sería imprudente fracasar en la transmisión de nuestro legado a la posteridad".

"¡Poder blanco! ¡Poder blanco!", coreaban los supremacistas.

"Hemos sido bendecidos, amigos; hemos sido verdaderamente bendecidos. En busca de la paz y la prosperidad, los caucásicos han viajado por el mundo, dejando huellas indelebles. Desde entonces, todo se ha visto afectado por las impresiones blancas y las percepciones blancas de la realidad. No obstante, no estábamos solos en el viaje. No fuimos los primeros ni seremos los últimos. Representantes de varios países, incluidos los africanos, hicieron sus propios "descubrimientos" y "conquistas". Para ser honesto, África es el útero, y de hecho fue la cuna de la civilización. Los seres humanos fueron creados y nutridos en África. Basado en la Biblia, Dios nos formó a partir del suelo de la tierra. El suelo debe haber sido negro o marrón. Es razonable esperar que la pigmentación de la piel, el cabello y otras características se hayan creado capaces de manejar o adaptarse a diversos climas. Coloren cuanto al color, el negro no puede involucionarse del blanco. Sin embargo, lo contrario puede demostrarse científicamente: todos los demás colores se derivan del color primario, el negro. Es realmente gente de una raza, pero confundimos etnia con raza. Es solo una raza, amigos; solo una raza, la raza humana", declaró Hipócrito.

"De hecho, pero algunos son más iguales que otros", comentó Evildumb.

"A lo largo de los años hemos hecho algo de reingeniería social, lo que nos permite ser los primeros y no los últimos a lo largo del espectro de colores y en términos de posición social. Los piratear de reingeniería involucraron comercio, fisiología, sociología, psicología, ciencia, religión y política. Hemos sido capaces de utilizar estas disciplinas para hacer que algunas personas sean débiles y otras fuertes, al tiempo que permitimos la estratificación de la sociedad, lo que facilita el control. Divide y vencerás es una vieja estrategia que hemos encontrado útil para lograr nuestros objetivos. Hasta ahora, hemos logrado rediseñar, manipular y luchar para llegar a la cima del mundo. Como dice el buen libro, "el primero será el último". El último en convertirse en el primero es genial. Dios ha sido buena gente, a pesar de que a veces somos malos".

"Predicadlo, hermano; predicarlo", declaró Evildumb.

"En una nota más seria, necesitamos poner un fuerte énfasis en la alfabetización moral y espiritual. El sistema educativo está produciendo graduados, intelectualmente brillantes pero moral y espiritualmente poco inteligentes. Liderados por intelectuales, muchos claman por una sociedad amoral, contribuyendo inadvertidamente a niveles cada vez más altos de crimen y violencia. La violencia y el crimen de cuello blanco son crónicos. La moralidad está siendo revolucionada en la medida en que se están creando nuevas normas de conformidad con el pensamiento poco ortodoxo. Sin la base moral y espiritual, no se sabe la profundidad del mal a la que la sociedad puede descender. Es evidente que, aunque hacen que las personas estén en mejor estado, la educación y la riqueza no necesariamente hacen de nadie un mejor ser humano. La realidad es que los educados y los ricos no son diferentes en valores morales y espirituales que los incultos y los pobres. Independientemente de la educación y el nivel educativo, el mal es un hilo escarlata que atraviesa cada clase y cada grupo étnico, el salvajismo se expresa descarada y encubiertamente, en crudeza y sofisma. A pesar del estatus, muchos operan a niveles subhumanos. Está claro que el progreso sin mejoras y el movimiento sin pivotar en la dirección correcta son contraproducentes".

"¡Amén a eso!", dijo Finesse.

"Estamos luchando por la posteridad, amigos, por la posteridad. Tenlo siempre en cuenta. Es comúnmente aceptado y se espera que a chayad le irá mejor que a los padres, y que el progreso implica un cambio. El cambio incluye el nacimiento y la muerte de tecnologías, civilizaciones, imperios y otros influyentes. A veces el cambio es para mejor, y otras veces para peor. Que se sepa que lo que hemos creado en Estados Unidos es excepcional. Tiene el potencial de soportar y superar todo lo que ha pasado antes. Debemos aferrarnos a ella tenazmente y mejorarla, para nosotros, para nuestros hijos y para los hijos de nuestros hijos. Además, necesitamos mantener pura la raza blanca. Y no podemos permitir que los mestizos nos reemplacen".

"La gente de color no nos reemplazará", coreaban los supremacistas.

"La hábil explotación y control de la información nos han permitido mantener nuestro dominio. La capacidad de controlar la narrativa nos ha permitido controlar los resultados. Hasta hace poco, este ha sido el caso. Ya no somos capaces de hacer esto sin oposición. Internet está nivelando el campo de juego. Las personas negras con acceso a Internet ahora tienen acceso sin obstáculos a todo tipo de información, lo que les permite competir con nosotros a niveles previamente inimaginables. Por lo tanto, además de controlar a la población negra, ahora tenemos la gigantesca tarea de controlar Internet. Además de ayudar a nivelar el campo de juego para los negros, Internet ha permitido que el campo de juego también se nivele para enemigos más formidables. Ha permitido a nuestros enemigos un acceso más fácil, haciéndonos vulnerables a los ciberataques. Me temo que Internet podría ser la clave del Armagedón. Nuestra gente suprema está trabajando evaluando los riesgos y está tomando medidas preventivas. ¡No temas! Tenemos el dinero, y tenemos el poder de hacer lo que nos plazca. Y Dios está con nosotros".

"¡Poder blanco! ¡Poder blanco!", exclamó Politricko.

Hippocritus continuó: "Sé que a algunos de ustedes no les gustará por esto, pero lo voy a decir de todos modos. Jesús no era blanco; era negro. ¿Cómo crees que logró mezclarse con la población de Egipto sin ser descubierto, habiendo un precio en su cabeza? Le decimos a la gente que Jesús era blanco porque tenemos el poder. Lo mantendremos así. Debemos continuar proyectando la blancura como un símbolo de grandeza, pureza y rectitud. Hoy hablamos de mentiras y crímenes de maneras que sugieren que las infracciones prefijadas por la blancura no son tan malas como otros delitos, por ejemplo, los delitos de cuello blanco".

"¡Poder blanco! ¡Poder blanco!", coreaban los supremacistas.

"No es que pensemos que las vidas negras no importan, sino que creemos que las vidas blancas importan más y, por lo tanto, se les debe dar prioridad. Los negros existen para servirnos, no para ser iguales a nosotros. Como la raza principal, informamos las percepciones de belleza, inteligencia, normas sociales y culturales, y cómo se ve el éxito. A través de varios medios y géneros, damos forma a las mentes de personas de todo el mundo. Estamos obligados a defender estos derechos y privilegios con gratitud y firmeza. Continuaremos exportando nuestros valores y haciendo cumplir la conformidad. Cualquiera que no esté con nosotros está en contra de nosotros y será castigado. Haremos que sea difícil para nuestros enemigos sobrevivir en el mercado global. Les dificultaremos la supervivencia, punto. Debemos hacer lo que sea necesario para aumentar nuestra influencia y dominio. El fin justifica los medios. En este sentido, podemos tomar una página del libro de los británicos que, en su día, utilizaban piratas para defender su territorio. Es solo negocio, amigos, solo negocios. Hemos estado utilizando contratistas privados, anteriormente llamados mercenarios. Tenemos activos en todas partes a nuestra disposición. Dios está con nosotros, amigos. Dios está con nosotros, pero debemos hacer nuestra parte. 'La fe sin obras está muerta'. Somos dioses del mundo", declaró Hipócrito, entre aplausos.

Los supremacistas entonces irrumpieron en un canto: "Dios es del mundo; dioses del mundo. Somos dioses del mundo".

"No podemos permitirnos permitir que los negros tengan éxito. Si lo hacemos, se verán a sí mismos como nuestros iguales y comenzarán a hacer mayores demandas de las que están haciendo en este momento. Para que la raza blanca tenga éxito, necesitamos mantener nuestra ventaja competitiva, incluidos nuestros privilegios. A lo largo de los años, hemos podido hacerlo manteniendo una fuerza laboral per cápita en gran parte negra, colocando la carga del trabajo duro sobre las espaldas de los negros, manteniendo los salarios mínimos en el mínimo y manteniendo a los negros fuera de la corriente principal de la sociedad".

"¡Poder blanco! ¡Poder blanco!", coreaban los supremacistas.

"Seamos realistas, amigos: no hay poder blanco sin des empoderar o debilitar a la población negra. Hermanos, hemos mantenido el privilegio blanco al excluir a los negros de los mismos privilegios y oportunidades, y de los pasillos del poder. Algunos dicen que no es justo, que necesitamos nivelar el campo de juego. Pero, ¿en qué parte del mundo encuentras que eso sucede? Siempre habrá personas con más privilegios que otras. Además, solo los fuertes sobreviven. Es la supervivencia de los más aptos, amigos; supervivencia del más apto. Esta es la realidad en todas partes. Aunque todos somos iguales, algunos son más iguales que otros. Es gente de negocios, solo negocios. Si queremos continuar en el camino del éxito, estamos obligados a aplastar a la competencia. Somos nosotros o ellos amigos; son ellos o nosotros. No creemos en fomentar la competencia. Creemos en la destrucción de la competencia. Independientemente de lo que otros puedan pensar, tenemos que preservar el status quo, para nuestros hijos y nietos. Escuchen a la gente, no podemos permitirnos dejar que los negros tengan otro Wall Street Negro, y tampoco podemos permitirnos otro presidente negro. ¡Demonios no!"

"¡Demonios no! Si no son blancos, no tienen razón", coreaban los supremacistas.

"Seamos honestos, amigos. No nos gustan los negros, especialmente aquellos que se niegan a ser serviles. Además, no nos gustan las personas que son desagradables. No nos gustan porque… bueno, son diferentes. Ellos no son uno de nosotros. Son negros", confesó Hipócrito.

El reverendo Hipócrito no se veía a sí mismo como igual a los negros. A menudo hablaba de los negros en un tono condescendiente y los trataba como si fueran inferiores. Sólo a los negros ricos se les concedió un mínimo de respeto. Y aunque siempre pedía ayuda con la iglesia, Hipócrito no creía en ayudar a nadie. Equiparó la asistencia a los pobres y necesitados con el socialismo. Algunos se preguntaron si leyó su Biblia. Otros dijeron que Hipócrito era tan celestial que no era bueno terrenal. En lo que respecta a Hipócrito y los amigos de sus supremacistas, la vida se trataba de la supervivencia del más apto. Las personas que prosperan materialmente se consideran espiritualmente aptas y naturalmente seleccionadas. Son ordenados para ser líderes en el mundo. En la iglesia de Hipócrito, el dinero triunfaba sobre la espiritualidad genuina.

A pesar del énfasis de Jesús en alimentar a los pobres, ser amable con los extraños, liberar a los cautivos y ayudar a los necesitados, el reverendo Hipócrito creía que todos deberían levantarse por sus propios defectos. No le importaba que algunas personas no tuvieran zapatos, para empezar.

El reverendo Hipócrito y sus amigos no estaban interesados en lanzar a nadie un salvavidas. Era legalista y miembro de la derecha religiosa. Siempre se podía contar con miembros de la derecha religiosa para votar a lo largo de las líneas del partido, independientemente del carácter de los candidatos. El sesgo político jugó un papel importante en la subestimación y aplicación de las Escrituras.

Las violaciones de los principios no fueron respondidas con la misma indignación impuesta a los miembros de la otra parte. Algunos expresaron la opinión de que era desleal denunciar los pecados de la gente: "Dio munición a la otra parte", según ellos. La condena pública de las malas acciones cometidas por amigos estaba fuera de discusión. La oración era la escotilla de escape. A los simpatizantes y a otras personas se les pidió que simplemente oraran por sus líderes.

El reverendo Hipócrito no apoyó el Movimiento Las Vidas de los Negros sons Importantes y se opuso firmemente a los programas que ayudaban a los pobres. No le importaba que los negros fueran tratados injustamente y fueran asesinados por supremacistas blancos, que los hombres negros, en particular, estuvieran siendo aterrorizados y asesinados por la policía. Y aunque firmemente en contra del aborto, parecía que una vez que nacieron las vidas negras siempre podían un poco.

En su iglesia, Hipócrito trató a los negros como si fueran inferiores, y prohibió el matrimonio entre los blancos y los de color. Los negros, en general, no se sintieron bienvenidos, debido a las actitudes condescendientes del reverendo y su rebaño. En cuanto a las violaciones de los derechos humanos, la derecha religiosa, compuesta principalmente por fundamentalistas blancos, fue cómplice. Las violaciones de los derechos humanos fueron recibidas con un silencio mortal o se le dio un giro a favor de una supuesta guerra contra los fantasmas del socialismo o el comunismo.

"El humano-animal debe tener cuidado con dónde cultiva y qué cultiva. Debe mostrar respeto por las leyes, tradiciones y líderes de la sociedad. Se le debe recordar constantemente quién está a cargo y en control de su entorno. En Estados Unidos, los caucásicos manejan las cosas. Establecemos y hacemos cumplir las leyes, y mantenemos las leyes naturales, incluida la selección natural. Cualquiera que se oponga a nosotros será vencido".

"¡Sí! ¡Sí! ¡Sí!", respondieron los supremacistas.

El palmada miento de las palmas siguió al canto de "¡Poder blanco! ¡Poder blanco! Cualquiera que se oponga a nosotros será vencido".

A continuación se levanta la sesión.

CAPÍTULO 13

Epílogo

El racismo está vivo y bien en Estados Unidos. Es importante entender la historia y las formas en que las personas están siendo esclavizadas debido al racismo y otras formas de clasismo. La negativa a enfrentar y tratar seriamente el problema empeora las cosas. Además, "aquellos que no pueden recordar el pasado están condenados a repetirlo". (Jorge Santayana)

El propósito de esta historia es despertar y aumentar la conciencia y explorar las posibilidades de crear una sociedad más armoniosa y equitativa. El objetivo no es avergonzar o condenar a nadie, sino exponer las heridas y, con suerte, influir en la curación y el cambio.

El bienestar de un pueblo está siendo deliberadamente comprometido. Los miembros de la familia humana están literalmente perdiendo el aliento debido al color de su piel. El hecho de que los negros están siendo subyugados, tratados como ciudadanos de segunda clase y se mantienen fuera de la sociedad dominante es evidente. Los negros están siendo empujados al margen de una nación que han ayudado a construir con su sangre, sudor y lágrimas (sin compensación), y los derechos de voto están siendo suprimidos. Para colmo de males, el racismo está siendo explotado por los supremacistas blancos por razones políticas, financieras y de otro tipo.

La injusticia del racismo ha perseguido a las personas de color durante muchas generaciones y sigue siendo una fuente de agitación. A lo largo y ancho de Estados Unidos, los negros están expuestos a un comportamiento antisocial y son tratados de maneras que socavan su desarrollo y el desarrollo de la nación en general.

A pesar de ser los más desfavorecidos y desatendidos, falta empatía. Este ha sido el caso históricamente, tal vez porque la sociedad se ha vuelto insensible a los abusos infligidos a los negros y considera a los negros como menos humanos que otros grupos étnicos.

El racismo es evidente: los problemas se manejan de manera diferente y los privilegios son desiguales. Es evidente que los negros son tratados de manera diferente a los blancos en Estados Unidos y en todo el mundo. El Holocausto que involucra a los judíos, por ejemplo, es conmemorado y bien documentado. Lo más importante es que se han dado disculpas y se ha hecho justicia hasta cierto punto.

Por el contrario, los holocaustos que involucran a negros están siendo tergiversados y se está negando la justicia. Los guardianes se involucran en la memoria selectiva y evitan deliberadamente la reparación. Además, a diferencia de la historia judía, la historia negra está siendo suprimida y rara vez se enseña en las escuelas públicas.

A pesar de la atrocidad de los Holocaustos que involucran a las personas de color, se están haciendo esfuerzos para encubrir las atrocidades y minimizar su impacto e importancia. La enseñanza sobre la esclavitud, que es una parte integral de la historia negra, se está desalentando en lugares públicos, especialmente en el sistema escolar. Los hechos son que los italianos asesinaron a 1 millón de etíopes, los belgas 10 millones de congoleños y al menos 15 millones de negros murieron en el comercio de esclavos del Atlántico. Se informa que seis millones de judíos fueron asesinados durante el Holocausto. Además, el genocidio de los africanos por parte de Mussolini (1935-1941) tuvo lugar casi al mismo tiempo que el genocidio de judíos de Hitler (1933-1941). Además, el sufrimiento de los negros duró un período mucho más largo que la experiencia judía. Sin embargo, las atrocidades han sido tratadas de manera diferente por las Naciones Unidas y otros grupos "amantes de la paz".

Los datos a continuación, extrapolados de un artículo titulado **Cuántas muertes son causadas por el capitalismo,** escrito por David King, destacan algunas de las obscenidades.

- 100.000.000: Exterminio de nativos americanos (1492-1890)
- 15.000.000: Comercio de esclavos en el Atlántico (1500-1870)
- 10.000.000: Atrocidades del Congo Belga: (1885–1908)

Estas cifras representan la escala de las atrocidades cometidas contra las poblaciones nacionales y las personas de color en particular. Es obvio que los caucásicos no están tan indignados por los holocaustos que involucran a nativos y personas de color. Aunque estridentes en sus esfuerzos por evitar otra catástrofe judía, el mundo blanco fue, y todavía no es tan apologético en cuanto a los holocaustos que involucran a nativos americanos y negros. Mientras tanto, el dolor generacional del racismo y la esclavitud que se manifiesta como trastorno de estrés postraumático, otras enfermedades y la falta de empoderamiento continúan causando estragos entre las comunidades negras y nativas.

El epitafio sobre la estatua recientemente desmantelada de Leopoldo II de Bélgica, que asesinó a 10 millones de africanos, esclavizó a muchos otros y saqueó los recursos del Congo representaba sentimientos comunes: "Emprendí el trabajo del Congo en interés de la civilización y por el bien de Bélgica".

La complicidad en lo anterior y otras atrocidades ha resultado en que la trata de personas sea más grande que nunca. Los esclavizadores están tan alentados que el alcance de la trata de personas se ha ampliado para incluir a las esclavas sexuales, la sustracción de órganos y las mulas de drogas, y ha escalado enormemente. Las personas que son objeto de trata provienen de todo el mundo, incluido Estados Unidos, e involucran a mujeres y niños de diversas etnias.

La filosofía que sustenta la esclavitud que involucra el trabajo africano en los campos de algodón y caña es similar a la que informa a otros tipos de esclavitud como los mencionados anteriormente.

Sea como fuere, aunque ya no están encadenados físicamente, los afroamericanos están encadenados por el racismo sistémico. De varias maneras, los sistemas socioeconómicos y políticos están diseñados para mantener a los negros abajo, obligándolos a desempeñar roles subordinados. Políticamente, los votos negros están siendo suprimidos, haciendo que los negros no tengan voz; y las imágenes sociales están siendo retratadas de maneras que sugieren la superioridad de los caucásicos y la inferioridad de los negros. Hay sabotaje económico. A los negros se les impide trabajar bien remunerados y de ciertas oportunidades económicas, de ahí la inseguridad económica. Las limitaciones impuestas socavan el bienestar y el progreso, y están diseñadas para mantener el status quo.

Para empeorar las cosas, los negros están siendo aterrorizados por terroristas domésticos. Las personas de color están siendo linchadas por supremacistas blancos y otros, incluida la policía, por la más mínima infracción o simplemente por ser negros. Algunos han recibido sentencias irrazonablemente largas por no seguir la línea, mientras que los blancos son golpeados en sus muñecas por delitos similares. Actualmente, las personas negras están desproporcionadamente representadas en un sistema penitenciario con fines de lucro que realiza trabajo esclavo, algunos hacen tiempo para delitos menores y otros para delitos que no cometieron.

El virus del racismo continúa propagándose, asestando golpes letales a los negros en Estados Unidos. A diferencia de los virus reales, no hay vacunas. El problema es intratable y aparentemente insuperable. Desafortunadamente, los estadounidenses no han aprendido de los errores de la historia. El egoísmo y la codicia triunfan sobre todo. La negativa a abrazar verdaderamente la noción de que todos los hombres son creados iguales amortigua las sensibilidades, apoyadas por la negativa a renunciar a los privilegios y la codicia blancos.

En esta coyuntura, es importante dar una breve historia del clasismo. En la Edad Media el feudalismo estaba a la orden del día. Bajo el feudalismo, la estratificación de la sociedad (ingeniería social) fue diseñada para aumentar y proteger la riqueza de la nobleza. El imperialismo y el colonialismo siguieron. En estos sistemas existían varias formas de clasismo e incluían el trabajo esclavo. Los ricos eran el núcleo del poder, y básicamente hacían lo que querían. Además, a la raza de ratas siempre se le dio prioridad sobre la raza humana.

La búsqueda de riqueza y poder existió desde tiempos inmemoriales, e invariablemente incluyó la construcción del imperio, la explotación de los recursos naturales y humanos y diversas formas de servidumbre. El lugar más notable para la explotación ha sido el continente africano. Todos querían una pieza. En la década de 1800, los colonizadores habían cortado el continente y habían ejercido control sobre varios países.

Los no europeos y los europeos dividieron África a su antojo. Los no europeos incluían griegos, romanos, árabes y malayos. Los europeos incluyeron Bélgica, Gran Bretaña, Portugal, España, Alemania, Francia e Italia. El legado del colonialismo y el imperialismo incluyó la esclavitud.

Es importante señalar que la esclavitud fue una experiencia compartida en muchos lugares del mundo y precedió a la esclavitud de los africanos. En varios momentos en el tiempo, diferentes naciones y grupos de personas sufrieron alguna forma de esclavitud. Por ejemplo, en los días de los imperios asirio y romano, los caucásicos soportaron varias formas de esclavitud. Los judíos fueron esclavizados por los africanos en el antiguo Egipto. Los chinos han tenido su propia experiencia en China, en Canadá y en América, y también lo han hecho los indios en la India y otras partes del mundo. Los cristianos han esclavizado a los musulmanes y los musulmanes han esclavizado a los cristianos. Por lo tanto, la esclavitud no está relacionada con ningún país o grupo particular de personas.

Aunque como sistema la esclavitud se experimentó en todo el mundo, el tratamiento de los "esclavos" difería de un propietario a otro, la forma de esclavitud y la razón de la esclavitud. Sin embargo, la esclavitud que involucraba a los africanos fue la más brutal. Ningún grupo étnico sufrió más severamente y durante un período de tiempo más largo que los africanos y sus descendientes. Los humanos fueron tratados como subhumanos y la esclavitud duró más de 400 años.

Además de esclavizar a las poblaciones locales, los seres humanos fueron capturados como animales y enviados a varias partes del mundo donde fueron vendidos como esclavos. Los africanos fueron transportados como carga a tierras extrañas a través del Paso del Medio. El Pasaje del Medio fue brutal. Se cobró muchas vidas. Las duras condiciones en los barcos llevaron a la pérdida de alrededor del 15 por ciento de la "carga". Algunas víctimas optaron por saltar por la borda, en lugar de sufrir la esclavitud. A su llegada a tierras extranjeras, algunos fueron asesinados por rebelarse; otros murieron como esclavos.

La creciente necesidad de azúcar y tabaco fue el viento detrás de las velas de la trata transatlántica de esclavos. La trata de esclavos tenía un alcance expansivo: en términos del número de países involucrados; el número de personas esclavizadas; el abuso de los africanos y la enorme riqueza que trajo a los comerciantes.

La mayoría de los esclavos trabajaban en los campos de algodón y caña. Un número menor trabajaba en casas. Los esclavos domésticos no eran tratados tan horriblemente como los esclavos en los campos. En América, el maltrato de las personas consideradas esclavas era extremadamente duro. Los esclavos generalmente eran tratados como ganado y subastados cuando eran "rebeldes" como una forma de castigo. Otras formas de castigo incluían ser baleado, linchado o azotado. Los esclavos eran azotados por la más mínima infracción. Las mujeres y los niños no están exentos.

Aunque era inmoral, era legal que los amos de esclavos trataran a los africanos como propiedad o como quisieran. Considerados esclavos, a los seres humanos no se les permitía aprender a leer y escribir o casarse. Los niños fueron criados como ganado, y los hombres que los engendraron fueron desconectados de las madres y los niños. A los hombres no se les permitía desempeñar roles paternales ni desarrollar ninguna forma de apego a su descendencia o a las mujeres que daban a luz a sus hijos. Vistos como propiedad, los niños nacieron, las invenciones creadas y los descubrimientos hechos por "esclavos" se convirtieron en propiedad de sus "amos". Incluso los nombres dados eran los de sus amos, lo que indicaba la propiedad. Los "esclavos" fueron despojados de personalidad, dignidad, cultura e identidad, y tratados como si fueran propiedad de otra persona, para ser utilizados o abusados a discreción de sus "dueños".

Aunque, bajo la esclavitud, el capital humano en forma de

africanos fue fundamental en la construcción de la economía estadounidense. En otras palabras, la economía estadounidense se construyó sobre el sistema de plantaciones, apoyado por mano de obra esclava.

Desde la esclavitud, la economía se ha diversificado. A pesar del modelo económico, sin embargo, el sistema siempre apoyó la superioridad de los caucásicos y la inferioridad de los negros. El racismo sistémico ha sido la urdimbre y el tejido socioeconómico y político de Estados Unidos. Los negros se han visto obligados a desempeñar papeles subordinados desde la esclavitud hasta la actualidad.

Cabe señalar el hecho de que cuando fueron liberados, los negros no tenían los medios para valerse por sí mismos o vivir en sus propios términos. Aunque los amos de esclavos fueron compensados por la pérdida de "propiedad", los antiguos esclavos no fueron compensados por el costo de oportunidad de la esclavitud, por los sufrimientos soportados y por su contribución a las arcas de la plantocracia y la nación en general. En general, las promesas de compensación nunca se cumplieron, y en algunos casos, las tierras entregadas eran incultivables.

Cambiar legalmente el estatus de los africanos no cambió su posición en términos prácticos. Después de la emancipación, los negros todavía necesitaban un lugar para vivir y un lugar para trabajar con el fin de sobrevivir. Al no tener tierras propias, la mayoría de los negros todavía estaban atados a las plantaciones y a los antiguos amos, que estaban muy contentos de retenerlos por un pequeño salario. Se necesitaban trabajadores para trabajar en las granjas y los antiguos esclavos necesitaban trabajo. En consecuencia, la dinámica amo-esclavo persistió mucho después de la esclavitud.

Posterior abolición y emancipación, los blancos continuaron tratando a los negros como inferiores y retuvieron ciertos derechos humanos. Existía un sistema de apartheid. Durante la esclavitud y mucho después, la sociedad se organizó sobre la base de motivos raciales. Las leyes discriminaban a los negros, y los negros no tenían los mismos privilegios que los blancos. Por ejemplo: los negros no podían comer en el mismo restaurante, beber del mismo grifo, usar el mismo baño, viajar en el mismo autobús. (Cuando se les permitía, tenían que sentarse en la parte de atrás). Se les prohibió aprender a leer y escribir, y cuando se les permitió no podían asistir a la misma escuela que los blancos. Además, las escuelas negras siempre fueron inferiores a las escuelas blancas. Asistir a la misma iglesia también era un problema. A los negros no se les permitía enterrarse en el mismo cementerio que los blancos, no podían votar y no podían casarse con una persona blanca. No podían caminar libremente por las calles debido a las leyes de vagancia y arriesgaban sus vidas si eran atrapados en el lado equivocado de la ciudad. Los negros no podían vivir en los mismos barrios que los blancos; además, el valor de sus bienes raíces se deprimió deliberadamente. Obtener un préstamo era prácticamente imposible o prohibitivo. La opresión y la privación de derechos eran evidentes, y todavía lo son.

La Ley de Emancipación no significaba que las personas consideradas esclavas fueran totalmente libres. En consecuencia, marchas y escaramuzas por los derechos humanos, las libertades civiles y la justicia. Muchos murieron luchando por los derechos civiles: algunos fueron ejecutados; otros golpeados y encarcelados. La lucha ha continuado.

Los sistemas socioeconómicos y políticos se organizaron en torno a las percepciones de la superioridad de los blancos y la inferioridad de los negros. Ladegradación y deshumanización de los africanos ha continuado hasta el día de hoy, y la diáspora continúa siendo explotada como una fuente barata de mano de obra. Además, no todos son iguales ante la ley. En Estados Unidos, es más probable que un hombre blanco vaya a la cárcel por abusar de un animal que por abusar de una persona negra. Los negros son asesinados indiscriminadamente por supremacistas, algunos en nombre de la ley. Los guardianes no son daltónicos, y la justicia está dividida de manera desigual.

Además de las atrocidades actuales, el trauma pasado está teniendo un efecto intergeneracional. Los negros continúan siendo abusados debido a una larga historia de esclavitud, algunos creen que la historia otorga permiso para el abuso continuo.

El estigma de la esclavitud está profundamente grabado en la piel de los negros y su psique, y en la psique de los caucásicos. Aunque emancipadas, las leyes han cambiado para acomodar la esclavitud en otras formas, asegurando que las personas negras continúen desempeñando roles subordinados. Esto refuerza las nociones de supremacía blanca, al menos en la mente de los caucásicos.

Las tergiversaciones, las percepciones erróneas y los abusos de los negros se han transmitido de una generación a la siguiente. El abuso generalizado y la falta de respeto de los negros a través de los años han otorgado permiso, permitiendo a las generaciones sucesivas de caucásicos y otros grupos étnicos perpetuar los abusos y socavar el desarrollo de la población negra. La opresión y la privación de derechos son evidentes.

El racismo es sistémico en Estados Unidos. El racismo es evidente en todas las instituciones, incluidas las organizaciones religiosas, de ahí la magnitud de los abusos. A cada paso, los negros son discriminados y han tenido que trabajar al menos el doble de duro que sus homólogos blancos para tener éxito. Los negros están siendo discriminados en función del color de su piel y se ven obligados a desempeñar funciones diseñadas para mantenerlos en "su lugar". La necesidad de mano de obra barata ha sido un factor importante. Se han tomado medidas creativas para garantizar un suministro constante. Los hombres negros, en particular, son objetivos importantes para una vida de trabajos forzados en cualquier campo asignado, incluido un sistema penitenciario con fines de lucro. Algunos están cumpliendo sentencias excesivamente largas por delitos menores (como vender o fumar marihuana), y tiempo por delitos que no cometieron.

Las víctimas a veces son golpeadas por la policía para forzar una confesión. Bajo presión y temor por sus vidas, hombres inocentes han confesado crímenes que no cometieron. Al no tener un abogado para montar una defensa sólida, los abogados proporcionados por el Tribunal a menudo engañaban a las víctimas para que confesaran basándose en la promesa de una sentencia leve o corta. La alternativa es una pena más severa, los acusados a veces capitulan.

Una vez que hubo confesión, el trabajo estaba hecho. No hay evidencia más fuerte en la corte que la admisión de culpabilidad. Los casos están cerrados. Para empeorar las cosas, en lugar de obtener una sentencia leve como se prometió, se desató toda la fuerza de la ley. Algunas víctimas permanecieron en prisión de por vida; otros fueron ejecutados, a pesar de su inocencia. Afortunadamente para algunos, sus vidas se han salvado a través del ADN y otras pruebas, cortesía del trabajo del Proyecto Inocencia.

No es inusual que los negros, particularmente los hombres, sean acosados y encerrados por crímenes cometidos por otra persona. La identidad equivocada y el chivo expiatorio no son infrecuentes. Además, en lugar de investigar seriamente el crimen, los estereotipos de la sociedad a menudo se utilizan para pintar a todos con el mismo pincel. Por lo tanto, los hombres negros en el lugar equivocado en el momento equivocado pueden hacer tiempo para crímenes basados únicamente en evidencia circunstancial.

La realidad es que aunque se vea que puede ser fáctico, la interpretación puede no ser cierta. Una situación puede complicarse cuando se pasa por el prisma del racismo, la política, la religión y otras formas de prejuicio. La interpretación de los hechos se percibe a través de lentes imperfectos y a menudo son subjetivos, contribuyendo así a la relatividad de la verdad. Esto a veces conduce a la condena de los inocentes y la absolución de los culpables. Conociendo los hechos, los abogados inteligentes pueden intentar inclinar la balanza a favor de su cliente a través de la selección de jurados, o asegurarse de que sus casos se presenten ante ciertos jueces.

Aunque los hechos pueden ser objetivos, la justicia puede estar sesgada debido a interpretaciones subjetivas o sesgos. Los costos involucrados en montar una defensa fuerte complican las cosas para los negros comunes. Además, en Estados Unidos la justicia no es daltónica.

Además del sabotaje socioeconómico, la manipulación del sistema incluye el encarcelamiento y la muerte, y ha sido perenne. Además de los "asesinos legales", los hombres negros corren el riesgo de ser asesinados por supremacistas blancos y otros grupos de odio, como el Klu Klux Klan y los neonazis. Tomar las vidas y los medios de subsistencia de los negros es de lo que se tratan los supremacistas blancos.

Robar a los negros y negar oportunidades de movilidad ascendente no es nuevo. Hay una serie de esquemas diseñados para engañar y descomprimir. La economía vudú que se manifiesta como goteo es un buen ejemplo. A modo de goteo, los pobres han sido engañados y mantenidos abajo. En lugar de que la riqueza se filtre como se prometió, las vidas de los pobres han sido absorbidas de ellos, algunos trabajando tres y cuatro trabajos solo para llegar a fin de mes. En Estados Unidos, los negros son los más pobres entre los pobres.

La fortuna favorece a los ricos. Los pobres siempre son infravalorados y subestimados; y es peor si es negro. Por otro lado, los ricos están sobrevalorados, sobreestimados, parecen más inteligentes, más creíbles y parecen increíblemente más dignos de respeto y oportunidades. El efectivo es el rey, y el rey obtiene más y lo mejor de todo.

Diseñada por los magos de los Estados Unidos para excluir a los pobres, particularmente a los negros, la economía vudú hace que los ricos sonrían hasta el banco, mientras que los pobres se mantienen ladrando "¡ruff-ruff!" Si son pobres, los negros están en doble problema. Son tratados como escoria. Además, los negros deben mantenerse pobres para garantizar el servilismo y un suministro constante de mano de obra barata.

Por otro lado, aquellos que escapan de la red de pobreza no escapan de la depravación del hombre blanco. Los signos de riqueza, como conducir un buen automóvil, por ejemplo, pueden ser la causa de que un hombre negro sea asesinado por un policía supremacista, o nacionalista blanco, o un miembro del Klan. Además de la envidia, no se espera que los negros tengan nada "agradable". Si lo hacen, son constantemente vigilados bajo sospecha de participación en "algo ilegal", y algunos son asesinados.

Matar a una persona negra por ser negra no es inusual en Estados Unidos. Varias personas negras han sido asesinadas en su casa, en la puerta de su casa, en su patio y en la calle, por sospecha o alegación de haber cometido o intentado cometer un delito. El color de la piel determina la percepción, tanto que las personas negras que viven en vecindarios de lujo podrían estar en peligro de perder la vida, especialmente si están rodeadas de vecinos blancos odiosos. Llamar a la policía a los vecinos negros basándose en la sospecha de ser ladrones es común y ha demostrado ser fatal para algunos.

Los negros en Estados Unidos viven con un miedo constante a los terroristas locales. Los negros pueden ser asesinados en las iglesias o en las calles, Irónicamente, la policía también ha sido agentes de terror, contribuyendo al asesinato sin sentido de muchos hombres negros desarmados e inocentes. Para colmo de males, la guerra contra el terrorismo en la patria no se lleva a cabo con el mismo celo que en tierras lejanas. Los negros se preguntan por qué.

En Estados Unidos, las personas de color no son verdaderamente libres. Por ser negros, están siendo asesinados y se les niega la justicia. Para empeorar las cosas, el racismo sistémico está socavando las vidas negras. En consecuencia, los negros están en una situación difícil, luchando por la supervivencia y por la igualdad de derechos y la justicia.

La denegación de justicia sigue dando la impresión de que las vidas negras realmente no importan. Para resaltar las injusticias, surgió un Movimiento Black Lives Matter, que ganó cada vez más atención con el tiempo. El Movimiento ganó impulso, particularmente desde la exhibición pública del horrible asesinato de un hombre negro llamado George Floyd, a manos de la policía. La injusticia resonó entre los oprimidos en todo el mundo y desde entonces ha galvanizado el apoyo que tanto se necesita.

Las víctimas de otras formas de injusticia se han unido a la refriega, como Me Too. Me Too ha estado destacando abusos como el incesto, la violación y el acoso sexual. Se ha estimado que entre el 16 y el 27 % de las mujeres han sido violadas durante su tiempo en la universidad. Cada dos minutos una mujer es agredida sexualmente en Estados Unidos.

Me Too y Black Lives Matter están dando voz a los que no tienen voz. Se ha alentado a todo tipo de víctimas a salir y decir: "Yo también". Las luchas han convergido basadas en el abuso de poder.

Es común que los poderosos abusen de los débiles y vulnerables; y cuando se exponen atrocidades son vehemente repudiadas. Además de mentir, las víctimas y los denunciantes pueden perder la vida por la exposición. Los intentos de encubrimiento pueden incluir asesinato. En lo que respecta al Movimiento Black Lives Matter, los blancos han tratado de encubrir o desviar la atención del racismo sistémico en Estados Unidos diciendo "Todas las vidas importan". Al hacerlo, esperaban socavar la legitimidad del Movimiento y atenuar la luz que brillaba sobre el racismo sistémico. Sin embargo, nadie se deja engañar, especialmente los negros.

No obstante, los negros siguen siendo oprimidos y sus votos suprimidos. Hay miedo e inseguridad de los negros en aumento. Se niegan los derechos humanos. Los hombres negros en particular son especies en peligro de extinción.

Sin embargo, Estados Unidos no es el único país que discrimina a los negros. De hecho, los negros en toda Europa y en otros lugares están bajo asedio y están teniendo dificultades para señalar que las vidas negras importan. En el Caribe, el racismo existe principalmente entre indios y negros, en lugares como Guyana y Trinidad y Tobago. Hace solo unas décadas, veintiuna familias blancas y casi blancas estaban al frente de la vida económica y política de Jamaica. Eran considerados la crème de la crème de la sociedad. Y no fue hasta 1992 que Jamaica tuvo su primer primer ministro negro. Irónicamente, los negros de la región discriminan a favor de los blancos y los morenos.

Sea como fuere, es sólo hace bastante poco (1992) que el régimen del apartheid terminó en Sudáfrica. A lo largo de los años, los blancos se habían insertado en la población negra y lograron controlar la riqueza y la política, empujando a los negros al margen en su propio país. Algo similar sucedió en América con los indios nativos. Las cosas se complicaron cuando se introdujo la esclavitud. Tanto los indios como los negros sufrieron un destino similar. El apartheid existió en Estados Unidos durante muchos años, apoyado por las leyes de Jim Crow.

En varios países, el apartheid había sido apoyado por el racismo, los sistemas de castas y clases, el tribalismo, el nacionalismo y otras formas de elitismo. Invariablemente, las percepciones de superioridad motivaron acciones hacia la aplicación de la sumisión y la inferioridad. Con el tiempo, estas acciones se convirtieron en parte de la cultura, convirtiéndose finalmente en ley. El estado de cosas continuó hasta la rebelión, la fuerte agitación o la defensa del cambio. Pero incluso cuando las leyes cambiaron, la situación persistió durante un período prolongado, porque la gente no había cambiado.

Además, el sistema siempre está amañado a favor de la clase o grupo dominante. El dominio en términos de números no se traduce necesariamente en términos de influencia y poder. A veces la minoría gobierna a la mayoría.

Aunque matizada en una variedad de maneras, la esclavitud todavía existe. La trata de personas es más alta que nunca, y el alcance es mucho más amplio. Las filosofías y sistemas que apoyan la trata de personas y el trabajo esclavo están intactos y están en constante evolución. Las atrocidades proliferan.

En los días de la esclavitud y posteriormente, el linchamiento era un asalto común. Hoy en día, los racistas son más versátiles. Los estrangulamientos, arrodillarse en el cuello de una persona, disparar, apuñalar, bombardear y otros métodos se utilizan para asesinar a las personas de color.

Los disparos de la policía contra hombres negros desarmados han alcanzado proporciones alarmantes. Para colmo de males, aquellos que alzan la voz alarmados, se atreven a decir la verdad o protestan contra las injusticias, se exponen a sí mismos para un terror adicional.

Por otro lado, los proveedores de hechos alternativos niegan y suprimen constantemente la verdad. Están hilando y blanqueando para camuflar lo inconveniente.

Las verdades incómodas podrían hacer que una persona sea asesinada. La alternativa es permitir que las heridas profundas y la pedurez permanezcan cubiertas y sin tratar, aumentando el hedor y la podredumbre. Los blancos en general no muestran una empatía genuina por las víctimas y son cómplices de la promoción del racismo sistémico. No todos los blancos son racistas. Sin embargo, la mayoría no ha condenado el racismo y, por lo tanto, contribuye a la mala salud de la sociedad.

No hay voluntad de hacer ninguna excavación seria por temor a lo que se pueda encontrar. Y los que saben no proporcionan ningún tratamiento práctico. La gente sigue evitando el malestar o negándolo por completo, convirtiéndose así en cómplice. Como resultado, los malhechores se envalentonan.

Además de socavar la vida, los medios de subsistencia y la salud de los negros, la represión y la negación de las atrocidades han servido para reforzar y normalizar el racismo. Esto no es más evidente que en el llamado sistema de justicia. Por ejemplo, debido a que el sistema está diseñado para volver a esclavizar a los hombres negros, los negros reciben sentencias indebidamente largas, incluso por la más mínima infracción. Por otro lado, los hombres blancos son abofeteados por el riesgo de crímenes similares.

Los hombres negros están actualmente en prisión haciendo trabajo esclavo por el salario de un esclavo, en un sistema penitenciario con fines de lucro, algunos por crímenes que no cometieron. Aunque comprenden alrededor del catorce por ciento de la población, los hombres negros en Estados Unidos tienen tres veces más probabilidades de ser encarcelados que los hombres blancos. Esto no computa.

La ley a veces se usa como un grillete y una cobertura para el comportamiento inapropiado, lo que permite a los supremacistas y otros perseguir el interés propio a expensas de las víctimas. La adhesión ciega y la defensa firme sin contemplar seriamente la necesidad de una revisión hacen que los partidarios sean legalistas.

El legalismo hace de la ley un grillete. La ley no hace nada correcto ni promueve necesariamente la justicia. Hace legal lo que decidan los poderes fácticos. La ley puede ser inmoral e injusta, o moral y justa. Además, los legisladores no son necesariamente justos o están libres de prejuicios. La "justicia" a menudo está influenciada por la hegemonía, las filosofías inmorales y la política. En consecuencia, las leyes son a menudo injustas y discriminatorias, perturbando la paz.

Hasta que no se rechace el racismo y los sistemas apoyen

la superioridad de unos y la inferioridad de otros, no habrá paz. Los conflictos visibles e invisibles son inevitables. La noción de que todos los hombres son creados iguales, pero algunos son más iguales que otros, ha hecho ciudadanos de segunda y tercera clase, dando a luz a grupos y subgrupos que luchan por la igualdad. La igualdad de derechos y la justicia son de lo que se trata el Movimiento Black Lives Matter.

El sistema de justicia en Estados Unidos no es daltónico, y la justicia es verde. Si es negro y pobre, lo más probable es que la persona pueda ser tratada injustamente: sacudida, huida de la ciudad, encarcelada o mordida el polvo prematuramente. Todos los hombres nacen iguales, pero no todos son tratados por igual en general y bajo la ley en particular. En todas las áreas de la vida, los negros han estado clamando por justicia.

Dado que la legalidad no tiene necesariamente nada que ver con la equidad o la moralidad, la justicia real no tiene necesariamente nada que ver con la legalidad. Aunque iguales ante la ley en el papel, en realidad los negros son tratados de manera desigual. La ley tiene dientes para algunos, pero no para otros. Funciona para algunos y no funciona para otros.

Es vergonzoso que las libertades civiles y la justicia naturalmente otorgadas a algunos tengan que ser luchadas por otros. El derecho a la vida y el derecho a vivir en igualdad de condiciones que a otros seres humanos se les está negando a las personas de color. Mientras tanto, loscarios a favor de la igualdad de derechos y la justicia no son escuchados. En cambio, los negros son deliberadamente mantenidos abajo, explotados y tratados como si fueran prescindibles. Esta es la historia del hombre negro.

En el lugar de trabajo, los negros tienen que ser tres veces más buenos que sus homólogos blancos para ascender en la escala corporativa. Para colmo de males, las personas de color a veces se ven obligadas a entrenar a blancos menos calificados para que acepten sus trabajos o se conviertan en supervisores.

Además de las prácticas injustas, como la discriminación con respecto al empleo, los salarios y las oportunidades educativas, las vidas negras están en riesgo. Aunque se dirigen principalmente a hombres, las mujeres y los niños también son vulnerables. Ellos también pierden la vida a manos de los racistas. Hay un dolor desmesurado debido a la pérdida de seres queridos y el terror de ser asesinado por ser negro. Muchos han muerto a causa del color de su piel. En Estados Unidos, los hombres en particular corren el riesgo de perder la vida. Los antepasados deben estar de luto.

La ironía es que los negros, incluidos los inmigrantes, han contribuido significativamente a la economía de los Estados Unidos. Estados Unidos es grande, debido a la mano de obra inmigrante. La promesa de libertad y otras oportunidades han motivado a algunos de los más inteligentes y ricos a emigrar a Estados Unidos. Los migrantes pobres y sin educación también han contribuido significativamente a la economía de los Estados Unidos, proporcionando mano de obra en las granjas y en otras áreas, donde ha habido una escasez de mano de obra, haciendo trabajos que los blancos han rechazado. Además, muchos han salido de la pobreza y de otras maneras han contribuido significativamente a la grandeza de Estados Unidos, como el general Colin Powel, por ejemplo. Habiendo visto otro lado de la pobreza, los inmigrantes están más motivados para tener éxito y están superando a los nativos. Esto es un buen augurio para Estados Unidos.

Por otro lado, África y los países de la diáspora continúan sufriendo la fuga de cerebros y la fuga de otros recursos, lo que hace que los blancos sean los primeros y los negros los últimos en el mundo. Sin embargo, los blancos tienen el descaro de tratar a los negros como inferiores y prescindibles. Tal vez sea un juego nacido de la inseguridad, o del miedo, o de la codicia. Cualquiera que sea el caso, es simplemente malvado.

Ha habido una larga historia de explotación de África y de los africanos. Ya en la década de 1700, los europeos luchaban por África. Todos querían una pieza. El acaparamiento de tierras ha continuado. Los recursos naturales están siendo acaparados y han alcanzado proporciones épicas. Incluso China ahora está acaparando seriamente tierras en África.

Los países africanos han facilitado involuntariamente la compra de derechos sobre la tierra, permitiendo así la explotación de la tierra, los minerales y el agua. Al menos 20 países africanos han otorgado contratos de arrendamiento de 50 años a extranjeros. La riqueza derivada está siendo repatriada a tierras extranjeras.

Las minas de minerales en toda África son propiedad de empresas europeas y estadounidenses. Los africanos han sido una fuente de mano de obra barata para las organizaciones multinacionales. Los trabajadores, incluidos los niños, hacen trabajo esclavo en las minas por salarios increíblemente bajos. La mayor parte de la riqueza de este recurso también se repatria.

Además, hay poca o ninguna transferencia de tecnología, ninguna supervisión que garantice que se remedien los daños ambientales y ningún intento de recuperar las tierras dañadas para otros fines.

La riqueza de África está controlada por extranjeros. Solo en Sudáfrica, el 80% de la riqueza es propiedad de europeos. Mientras que la mayoría de los europeos viven en el lujo, la mayoría de los negros viven en guetos o chabolas. Algunos culpan a los líderes africanos de ser demasiado corruptos para detener la hemorragia; otros gobiernos venerados son títeres de antiguos colonizadores, e infieren el neocolonialismo.

En el Caribe, los extranjeros están comprando propiedades costeras y están construyendo enormes hoteles. Además de negar a los lugareños el acceso a las mejores playas, a los pescadores y otros vendedores se les niega la vida, en gran parte debido a los cambios ecológicos y de otro tipo. A pesar del éxito en el turismo como producto, los países anfitriones son los que menos se benefician. Y como en el caso de la Madre África, la mayor parte de las ganancias son repatriadas.

La Madre África y los niños de la diáspora siguen siendo los principales objetivos de violación y asesinato. La web está hábilmente tejida. Los arquitectos del neocolonialismo están explotando las debilidades y están saqueando los recursos.

En el pasado, las mafias colonizadoras saqueaban naciones y controlaban gobiernos. Las guerras territoriales eran comunes, las colonias cambiaban de manos a través de negociaciones o asentamientos en campos de batalla o alta mar. Hoy la colonización ha tomado nuevas formas, aunque no menos agresivas y atroces.

El acceso y la dominación son más fáciles en estos días debido a la globalización. La globalización ha permitido un acceso y una manipulación más fáciles de las personas en el escenario mundial. Según Shapespeare, "Todo el mundo es un escenario, y todos los hombres y mujeres son simplemente jugadores". Hay algunas jugadas en marcha, seguro, pero los jugadores no son meros actores. Están lidiando seriamente con asuntos de vida o muerte, las virtudes de los "débiles" chocan con los vicios de los "fuertes".

En esta etapa, los más poderosos pueden decidir la naturaleza del juego, las prioridades y las reglas. Los intereses de las naciones en desarrollo son bajos en la agenda. Mientras que los países desarrollados discuten principalmente sobre intereses geopolíticos, cuestiones de seguridad, comercio y participación en el mercado, los países en desarrollo están más preocupados por las necesidades de supervivencia.

La supervivencia a menudo necesita un juicio oscuro, actuando como una cortina de humo, obstruyendo la aprehensión de la imagen completa. Hacen que las personas consientan en la explotación y el control, muchas de las cuales se endeudan para sobrevivir. El quid de la cuestión es que una deuda conlleva la obligación de pagar, excepto que a nivel gubernamental los bancos extranjeros y los gobiernos incluyen otras obligaciones: pueden decirle a los países en desarrollo cómo administrar sus negocios como parte de la condición del préstamo. Por lo tanto, la soberanía se ve comprometida.

Aunque útil a veces, la deuda puede ser una forma de esclavitud, el prestatario se convierte en el esclavo del prestamista. Además de la trampa, la deuda puede contribuir a la erosión de la salud y la riqueza. Todo lo que es cierto a nivel macro también es cierto a nivel micro. Los débiles son vulnerables y son fácilmente explotados. En otros ámbitos, uno puede convertirse en prostituta o esclava sexual.

En lo que respecta a los países en desarrollo, los principales medios de explotación son el Fondo Monetario Internacional (FMI) y el Banco Mundial. Aunque diferentes en muchos sentidos, las prescripciones para los préstamos y los puntos de referencia para el éxito (basados en métricas diseñadas por los países desarrollados para los países desarrollados) se aplican a los países en desarrollo. Cuando se aplica, en lugar de ayudar, la situación empeora para los países en desarrollo. Aunque estos préstamos pueden otorgar un indulto corto, no ayudan a largo plazo. La corrupción puede ser el último disparo mortal.

Irónicamente, al aceptar los términos, los prestatarios contribuyen involuntariamente al atrapamiento y la esclavitud. La devaluación de la moneda es a menudo parte de los términos, asegurando la transferencia de riqueza de proporciones épicas. La devaluación a menudo tiene varios ciclos, y como tal aumenta la vida y el valor del préstamo, cavando una zanja más profunda para los países deudores. Si bien se vuelven más caros para los ciudadanos, los bienes locales exportados se vuelven más baratos para los extranjeros, lo que afecta negativamente las ganancias de una nación. Las dificultades se exacerban a medida que las importaciones como el petróleo y el gas, por ejemplo, se vuelven más caras (debido a la devaluación) y sus costos se transfieren a los consumidores.

El efecto neto es que los costos de los préstamos aumentan con el tiempo y absorben una gran parte del PIB de una nación, causando choques en varios sectores, convirtiéndose la inflación en la norma. En consecuencia, los deudores se ven obligados a trabajar al menos el doble de duro y mucho más tiempo para extinguir los préstamos y mantenerse al día con otras obligaciones. Al no haber fondos suficientes para la infraestructura social y los programas de generación de ingresos, el bienestar social se ve comprometido, lo que contribuye a aumentar la delincuencia y la violencia.

Otro criterio para obtener un préstamo del FMI o del Banco Mundial es la adopción del sistema de "libre mercado". Los países en desarrollo se ven obligados a abrir sus mercados a todos y cada uno de ellos, en detrimento propio. Es como tirar corderos a los lobos. El sistema funciona para los países desarrollados, pero no para los incipientes y en desarrollo. Las multinacionales obtienen un pase libre para devastar las industrias locales y expandir sus mercados. Por un préstamo pequeño, los países en desarrollo pagan caro con poco que mostrar. El "juego" ha permitido la transferencia masiva de riqueza de los pobres a los ricos.

Debido a las economías de escala (y los subsidios), los países desarrollados pueden vender productos agrícolas y manufacturados mucho más baratos que los países en desarrollo. Además, los recursos desplegados por las organizaciones multinacionales hacia la publicidad y el marketing crean efectivamente un gusto por las cosas extranjeras, lo que afecta la demanda de bienes locales, los comerciantes también encuentran más rentable comprar y vender bienes importados. Además de matar a las industrias locales, los países en desarrollo se convierten en el vertedero de productos de tercera calidad, lo que contribuye a los alimentos y otros tipos de inseguridades.

En general, hay hemorragias constantes. Habiendo perdido la confianza en la moneda local, los inversores comienzan a convertir a moneda extranjera (dólares estadounidenses), acumulándola o alojándola en bancos extranjeros como cobertura contra la inflación. Las multinacionales repatrian fondos con impunidad.

La disminución en el fondo común significa una disminución en los fondos disponibles para nuevas inversiones y el racionamiento de fondos para las empresas establecidas. Las empresas legítimas que luchan por encontrar dólares estadounidenses para financiar las importaciones pueden recurrir a la compra de fondos en el mercado negro para sobrevivir, exacerbando la situación y permitiendo nuevos desafíos como el lavado de dinero. Inevitablemente hay fuga de cerebros y fuga de capitales. Como de costumbre, los pobres lo sienten más.

La desesperación hará que una nación tome malas decisiones para sobrevivir. La mentalidad de supervivencia crea otros problemas, como la corrupción y el crimen. La recuperación en este círculo vicioso es como un borracho que intenta recuperarse del alcohol. Es asombroso y real. Aquellos que lo han experimentado, saben que es verdad. Sin embargo, los contribuyentes continúan permitiendo la embriaguez. Es solo un negocio.

El negocio de la extorsión tiene muchas facetas e incluye a varios jugadores. Por lo tanto, no es inusual que los países desarrollados se unan a los países en desarrollo para hacer cumplir su voluntad o cumplir una agenda. Un ejemplo de ello es Haití. Después de rebelarse contra los franceses y derrotarlos en 1804, Haití fue paralizado por Fance y los Estados Unidos. Además de un embargo económico, Estados Unidos y el cártel europeo de colonos se negaron a reconocer la independencia de Haití. Además, Haití se vio obligado a pagar 150 millones de francos a Francia como compensación por la pérdida de mano de obra esclava. (El valor de este gasto ahora vale más de US $ 20 mil millones). Los haitianos tuvieron que pedir prestado el dinero de la extorsión a los bancos, y solo terminaron de pagar la deuda en 1947.

A pesar de ser libre, Estados Unidos invadió Haití en 1915 y ocupó el país hasta 1934. Entre otros abusos, miles de millones fueron robados. Cuando cesó la ocupación, los haitianos se vieron obligados a vivir durante varios años bajo dictadores respaldados por Estados Unidos. Un país que una vez fue prolífico en el cultivo de caña de azúcar y arroz tuvo su base agrícola eliminada, convirtiéndose en vertedero para las importaciones estadounidenses.

África y la diáspora no pueden permitirse el lujo de quedar atrapados en la telaraña 181assad o vender derechos de nacimiento por un breve respiro. El dolor solo aumentará. África y sus descendientes están obligados a determinar si lo que se da y se recibe a cambio es un buen negocio o un 181ass.

En el mundo de hoy, ni siquiera se puede confiar en las organizaciones benéficas. Se ha descubierto que las organizaciones benéficas han utilizado seres humanos en África y la India como conejillos de indias en la prueba de medicamentos farmacéuticos. En el pasado, las vacunas se han utilizado contra los negros en Estados Unidos y en otros lugares. Hay suficientes casos de torpeza como para justificar la necesidad de precaución y un escrutinio cuidadoso de las vacunas, incluso cuando hay organizaciones caritativas involucradas. En aras de la supervivencia, la diligencia debida es imperativa. Aunque algunos pueden decir "Todas las vidas importan", mire a su alrededor y verá que son las vidas negras las que están principalmente en el plato. No creas las mentiras. Los supremacistas blancos están en aumento.

La vigilancia es necesaria en todas partes. La historia ha demostrado que, si las personas no están vigilantes para exigir y salvaguardar sus derechos, es probable que sean robadas o denegadas. Además, los proveedores y beneficiarios de la injusticia rara vez están dispuestos a corregir el error o nivelar el campo de juego. Muchos no lo harán bien sin luchar. "No abandones la lucha. Levántate; defiende tus derechos". (Bob Marley).

El racismo sistémico está entretejido en el tejido de Estados Unidos. Hasta el momento de escribir este artículo, a los estadounidenses negros se les niegan los derechos civiles. El racismo sistémico está sofocando el progreso y el derecho al voto está siendo suprimido. Han pasado aproximadamente 160 años desde la emancipación. No ha cambiado mucho en lo que respecta a la estructura de la sociedad. Los derechos civiles de los negros siguen siendo socavados.

Para colmo de males, no se puede depender de la religión en su conjunto para apoyar los derechos civiles. La libertad de religión a menudo se malinterpreta para significar la libertad de religión. Sin embargo, no podemos escapar de la influencia de la religión más de lo que podemos escapar de la influencia de la política o la ciencia, por ejemplo. Además, la religión ha existido mucho antes que cualquiera de estas disciplinas. Reconocido o no, todo el mundo es religioso.

Por muchas razones, la religión funciona para algunos y no para otros. En cualquier caso, la religión está aquí para quedarse, y es una fuerza poderosa a tener en cuenta. Desafortunadamente, la religión representa tanto el bien como el mal en la sociedad. En algunos casos, la religión se utiliza como apoyo para apoyar el racismo sistémico. En Estados Unidos, las líneas de batalla se trazan entre las iglesias etiquetadas como blancas y las etiquetadas como negras.

La mezcla de la religión con la política está socavando la religión, especialmente cuando las iglesias apoyan explícitamente o la complicidad la injusticia. Me temo que si Estados Unidos no cesa sus prácticas injustas y desmantela las estructuras que apoyan el racismo, la población africana en todo el mundo puede volverse radical y rechazar los principios de la democracia y el cristianismo debido a los vínculos con los grupos de supremacistas.

Los cristianos blancos, incluidos los fundamentalistas que luchan, han guardado un silencio notable sobre los asuntos de justicia social en general y sobre el racismo en particular. El racismo es evidente en la Iglesia Cristiana. Sin embargo, en la economía de Dios, no hay cristiano blanco o cristiano negro. Tampoco hay ninguna Iglesia Blanca o Negra. El racismo no es apoyado; se condena enérgicamente.

A pesar de ello, el racismo existe y es un factor importante en los crímenes de odio. Además del racismo, la homofobia, la xenofobia y el tribalismo son problemas en todo el mundo, que contribuyen al terror y a las violaciones de los derechos humanos. Además, los sesgos conscientes e inconscientes son evidentes en todas partes, manifestándose en diversas formas de prejuicio.

El prejuicio puede basarse en hechos o ficción. Cualquiera que sea el caso, el prejuicio evoca discriminación, odio y, a veces, miedo. Las personas temidas se han convertido en víctimas de un comportamiento irracional y demente.

En Estados Unidos, las personas de color son las más temidas y han soportado una larga historia de crímenes de odio y otros abusos. Los hombres en particular son los más temidos y desfavorecidos. Por ejemplo, no es inusual que las mujeres agarren su bolso con fuerza al ver a un hombre negro. Cuando entra en una tienda, el personal de seguridad puede seguirlo para asegurarse de que no robe nada. Un hombre negro que visita un restaurante, si se queda allí "demasiado tiempo", puede ser percibido como un matón, planeando robar el lugar. Aunque puede estar leyendo en silencio un libro o trabajando en su computadora portátil, no se espera que el hombre negro haga estas cosas. Por lo tanto, debe tener motivos ocultos. Donde-quiera que vaya un hombre negro, los ojos están puestos en él y suenan las alarmas. Pasear por un vecindario exclusivo también podría matarlo, incluso si vive allí. El hombre negro es temido, debido a las imágenes desagradables proyectadas de él. Los niños pequeños pueden llorar al ver a un hombre negro que se acerca y actuar de manera cruel hacia él. Además de ser juzgado por los estereotipos de la sociedad, el hombre negro es temido, no porque tenga un historial de dañar a los blancos, sino porque los blancos tienen un historial de dañarlo y temen represalias.

Sea como fuere, todo parece ser visto desde marcos coloreados por la blancura. Dado que las cosas blanqueadas se consideran mejores, incluso el azúcar blanco se considera mejor que el oscuro. Las personas blancas son consideradas más respetables, más creíbles, más perdonables y más dignas de oportunidades.

Las luchas hacia la individuación y el reconocimiento como pueblo de valor intrínseco han sido extremadamente largas y arduas. "Cuanto más cambian las cosas, más permanecen igual". Aunque ya no están encadenadas físicamente, las cadenas invisibles mantienen a los negros abajo. La esclavitud mental también es un obstáculo importante a superar.

El principal obstáculo para el progreso es la esclavitud mental. Además de impedir que las víctimas avancen y a buen ritmo, la mejora en la comunidad negra, en general, se retrasa por la falta de confianza. Muchos no creen honestamente en sí mismos y en otros de la misma pigmentación de la piel.

Sea como fuere, las cuestiones de derechos humanos están atrapadas en el vórtice de la política. Las fuerzas del bien y del mal siempre están contendiendo, y los políticos siempre se están entrometiendo para ganar votos. Las líneas no se trazan sobre la base de principios. Las decisiones se toman sobre la base de lo que es conveniente y popular. Por otro lado, los civiles comunes y corrientes son insensibles a las injusticias, algunos fingen ser ciegos para no enojar a los opresores y recibir una reacción violenta. El nivel de comodidad y la corrección política parecen más importantes que la autenticidad y la verdad. Por lo tanto, las verdades incómodas son convenientemente resistidas y negadas.

Sin embargo, no podemos ser neutrales en lo que respecta a la verdad o al bien y al mal. Si lo hacemos, volverá a atormentarnos. La injusticia es la madre de la enemistad y la guerra. En el análisis final, cosechamos lo que se ha sembrado, y algo más. "Si sembramos al viento, de hecho, cosecharemos el torbellino". (Oseas 8:7)

Mientras que las verdades incómodas son convenientemente negadas o evitadas, los negros siguen siendo asesinados. Hay más de una forma en que se comete el asesinato. El carácter de la gente está siendo destruido, como en el asesinato de personajes; su espíritu, como en el abuso espiritual; sus emociones, como en el abuso emocional; sus finanzas, como en el abuso económico; su entorno, como en el abuso ambiental; y físicamente, como en el asesinato. El asesinato puede ser silencioso y lento, a veces dura años; o fuerte y rápido. La rabia blanca no conoce límites.

En toda la sociedad, hay saña y venganza, tanto que muchos son intimidados en silencio. Las relaciones son transaccionales y tenues, siendo la confianza el problema general. La polarización de un tipo u otro es común. En política, algunos odian tanto a la izquierda que quieren volar el avión solo con la derecha, y viceversa. Y algunos están dispuestos a cortarse la nariz a pesar de sus caras. La gente juega a la política tanto con lo simple como con lo serio: un ejemplo de ello es la debacle de las vacunas. Los matones políticos actúan como líderes de sectas, y los seguidores dan lealtad ciega.

Hay mucha hipocresía. Muchos están dispuestos a denunciar los pecados de los demás mientras pasan por alto o justifican los suyos. La justicia rara vez se divide en partes iguales, especialmente cuando variables como el color de la piel y la política se incluyen en la ecuación.

El racismo sistémico es evidente. Además de estar empeñados en blanquear absurdos, los caucásicos están ocupados pintando y propagando imágenes negativas de la gente de color, sancionando en consecuencia el comportamiento antisocial. Para colmo de males, se niega la justicia. El permiso ha resultado en un aumento del abuso de los negros. Los mensajes enviados de manera clara y subliminal están produciendo energía negativa, profundizando heridas y exacerbando las tensiones.

Además del racismo sistémico, gran parte de los males de la sociedad están conectados con las nociones de lo correcto y lo incorrecto, y el derecho a las elecciones personales. Desafortunadamente, los intolerantes a menudo se interponen en el camino de la libertad de expresión y la libertad de elección, algunos conscientemente y otros inconscientemente. Es necesario respetar las elecciones y opiniones personales. El sesgo inconsciente también debe investigarse y abordarse.

El sesgo inconsciente no se limita al racismo. Hay otras formas de prejuicio que contribuyen al sesgo. Por ejemplo, es común que los elitistas inflen sus habilidades o las habilidades de familiares y amigos y descarten las habilidades de los demás. También es común que las personas se centren en las debilidades mientras pasan por alto las fortalezas. Las personas desinvertidas, desinteresadas o celosas rara vez dan un informe favorable debido al sesgo. Esto a su vez puede afectar la autoestima de una persona.

Es fundamental tener una autoestima alta. De lo contrario, uno puede ceder al engaño, el abuso, perder oportunidades e incluso puede recurrir al autodesprecio. La inteligencia emocional es imperativa. Las personas emocionalmente sanas son capaces de controlar sus sentimientos, valorarse a sí mismas y tomar decisiones sabias.

Dado que el comportamiento engendra comportamiento, es importante manejar las emociones y prevenir o desalentar el comportamiento demente. El comportamiento demente puede caer en cascada en algo totalmente diferente de lo que se pretendía, y las consecuencias no deseadas pueden ser devastadoras.

Sea como fuere, el comportamiento inapropiado está de moda, y aquellos que lo respaldan se consideran fuertes y progresistas. Los modestos o conservadores son considerados dinosaurios. Y al igual que el estilo y la moda, el comportamiento sigue cambiando, principalmente para peor, lo inapropiado se vuelve cada vez más aceptable y frecuente.

El mundo está confundido y confuso. La gente está confundida por la lógica invertida y los "hechos alternativos", algunos llaman al bien mal y al mal bueno, otros se comprometen con una sociedad amoral mientras tejen una moralidad encubierta en el tejido.

Los intentos de crear una sociedad amoral han mejorado los niveles de competencia y han servido para fomentar y aumentar las prácticas poco ortodoxas y no discriminatorias. Ser descarado es ser sexy o con clase. La humildad y la modestia se han ido con el viento. La pompa, la arrogancia y el orgullo permanecen.

Además de la vileza moral, el capitalismo rapaz y el racismo sistémico están destruyendo el alma de Estados Unidos. Los seres humanos están perdiendo autenticidad y están siendo reemplazados por almas sintéticas. El racismo sistémico es crónico. Es insidioso y a veces descaradamente obvio. Los comportamientos corruptos e inmorales son desenfrenados, y están siendo aceptados como normales, muchos citando la libertad de elección y la opinión popular como justificación para la indecencia.

La libertad sin restricciones está causando que el sistema implosione. Hay mucha confusión. Una cultura de permisividad está contribuyendo a que la nación sea invadida por zombis inmorales. Para empeorar las cosas, se hace poco tiempo para la quietud y la reflexión. La voz espiritual interior está siendo ahogada en el ruido y la prisa de las actividades y las pasiones desenfrenadas.

Al igual que los robots, las personas se están moviendo al ritmo de diversas monedas, de ahí la incoherencia. Muchos están atrapados en la cacofonía de la cultura de cancelación y están permitiendo el comportamiento subhumano, un comportamiento sin las limitaciones de las conciencias debidamente entrenadas y la certeza moral. Hay muchas cuestiones, la mayoría de las cuales se refieren a los derechos humanos.

La violación de los derechos de los negros es crónica. Nos quejamos de las violaciones de los derechos humanos en otros países, pero en muchos casos las cosas no son diferentes aquí en Estados Unidos. Aunque viva en una "democracia", la democracia puede funcionar para algunos y no para otros. La democracia no asegura justicia para todos. De hecho, aquí mismo en Estados Unidos se les está negando la supresión de votantes y otras libertades civiles a los negros.

Es necesario promulgar leyes para que las elecciones sean justas y libres de miedo. En Estados Unidos, la democracia es frágil y las elecciones pueden ser amañadas. El rediseño de los mapas, por ejemplo, priva de derechos a ciertos grupos, lo que hace imposible que estén representados políticamente y que se aborden sus necesidades o preocupaciones. Al igual que el gerrymandering, el filibusterismo tiene efectos similares. Aparte del filibusterismo, se puede aprobar legislación que suprima los votos, silenciando efectivamente la voz de ciertos grupos. La dependencia de los grupos de interés para financiar las elecciones puede comprometer a los candidatos. Por otro lado, los candidatos buenos en la recaudación de fondos tienen una ventaja. El dinero ayuda a promover a los candidatos y a transmitir su mensaje. Cuanto más dinero tienen los candidatos, más pueden influir en las cosas sobre el terreno. La tecnología también hace posible que los sistemas electorales sean manipulados y que la voluntad del pueblo sea eludida. El racismo puede llevar a que grupos de personas sean privados de sus derechos o a que sus votos sean suprimidos.

Como líder mundial, si hay un tema en el que Estados Unidos necesita estar unido, es el tema del racismo. La injusticia del racismo es una mancha en el alma de Estados Unidos y huele a hipocresía, especialmente a la luz de la proyección de Estados Unidos de sí misma como líder de la democracia y defensora de los derechos humanos en todo el mundo.

En Estados Unidos, los negros están siendo tratados injustamente por los supremacistas blancos. A las personas de color se les niegan los derechos humanos. El racismo es sistémico, socavando el desarrollo de las personas de color mientras eleva a los caucásicos a apoyar las nociones de supremacía blanca e inferioridad negra. Las personas negras están siendo juzgadas en función del color de la piel y se ven obligadas a desempeñar papeles subordinados, algunos pierden la vida por ser negros.

No tratamos a los demás como nos gustaría ser tratados. Lo que es adecuado para algunos está mal para otros; y aunque todos son creados iguales, la igualdad de trato no se refleja en la vida cotidiana. Cuando se trata de justicia, hay mucho doble discurso y palabrería. Además, la popularidad se ha convertido en la escotilla de escape para una reflexión significativa y la evasión de responsabilidades. En lugar de ser movidos por olas de popularidad, necesitamos ser movidos por la energía de la realidad última. Además de enfrentar la realidad de las circunstancias, necesitamos transponer los desafíos en algo más significativo y edificante.

Desafortunadamente, en ausencia de una brújula moral, hay confusión. Irónicamente, para evitar una catástrofe, hay estándares y monitoreo de las invenciones humanas, sin embargo, en el dominio moral, no hay un plan o maestro. A cada uno lo suyo, hasta que haya un desastre.

Hay una búsqueda irracional de la tolerancia y una aparente obsesión con la grandiosidad. Agobiados por el narcisismo, las personas son demasiado sensibles, demasiado indulgentes, sobremedicadas, drogadas en exceso, sobrearmadas, sobre-abastecidas, y todavía están buscando el próximo juguete o dulce. Por otro lado, hay personas que están desatendidas y están siendo constantemente desempoderadas debido al color de su piel.

Borrachos por la codicia y cegados por la política, constantemente alimentamos el narcisismo con mierda, blanqueados y se nos da otro nombre. Es evidente que las personas tienen opciones, y que además de las consecuencias personales, las decisiones afectan a la comunidad y, a veces, a la raza humana en general. Al igual que los virus, muchas cosas pueden salir mal.

Desafortunadamente, muchos no desean rendir cuentas, independientemente de cómo sus elecciones puedan afectar a los demás. Algunos citan la libertad de elección, como si la libertad de elección negara la necesidad deresponsabilidad y responsabilidad. La practicidad se utiliza como jinete para apoyar elecciones cuestionables.

Serpráctico, sin embargo, no debe significar vender nuestras almas o ganar a cualquier costo. Desafortunadamente, el progreso real está siendo sacrificado en el altar del partidismo y la conveniencia. Lospponents son a menudo demasiado tercos y egocéntricos para reconciliar las diferencias y permitir la búsqueda del bien común. Aunque se están ganando batallas, la guerra contra la humanidad se está perdiendo ante las fuerzas del mal.

En el análisis final, nos vemos obligados a evolucionar juntos o a ser deshumanizados unos por otros. En aras de la supervivencia de la especie, nos corresponde trabajar juntos por el bien común y sacar lo mejor de cada uno en lugar de lo peor.

Hay bien y mal en todos nosotros. Sin embargo, estamos obligados a alimentar a los mejores y matar de hambre a la bestia. Esto significa estar comprometidos a dejar que nuestra luz brille. "La oscuridad no puede vencer a la oscuridad, solo la luz puede hacer eso". (MLK) Las personas buenas deben tomar una posición contra el mal. "Todo lo que es necesario para el triunfo del mal es que los hombres buenos no hagan nada". (Edmund Burke) Estamos obligados a hacer algo o decir algo cuando el mal muestra su fea cabeza. La inacción nos hace cómplices. "O eres parte del problema o parte de la solución". (Eldridge Cleaver)

Como parte de la solución, estamos obligados a poner el foco en la oscuridad. Sin embargo, hacer lo correcto no siempre producirá los resultados esperados. Algunos se sentirán ofendidos por la luz, porque la luz expone su ignorancia y locura. Odiarán a las personas que se niegan a ayudar e instigar un comportamiento inapropiado y pueden recurrir a todo tipo de travesuras, incluido el asesinato. Otros serán iluminados y pueden sentirse motivados para unirse a la lucha por la verdad y la justicia.

La lucha entre la luz y la oscuridad es espiritual y moral. En cuanto al racismo, a menudo es descaradamente evidente; en otras ocasiones, se enmascara como otra cosa.

Independientemente de la expresión, el racismo atrapa a los

perpetradores en una guerra perpetua de enemistad, robando la paz y la seguridad, y despojando de recursos de áreas que dan vida a áreas que están tomando vidas. Al socavar el desarrollo de los demás, los racistas quedan atrapados en su propia red. Están atrapados en arenas movedizas de las que no hay un alivio rápido o tranquilo. Además, cuanto más se niega el racismo, más profunda es la zanja creada.

La zanja se hace más profunda y más ancha debido a la falta de voluntad para enfrentar la realidad y decir la verdad. Las mentiras que los racistas se dicen a sí mismos y las mentiras abrazadas que son contadas por otros aumentan las patologías y perpetúan las inseguridades.

La inseguridad es la mayor amenaza para la seguridad. Debilita las fibras morales y oscurece el alma, lo que permite un comportamiento loco, y el comportamiento genera comportamiento. A cada acción, hay una reacción igual o desproporcionada. En términos generales, la locura engendra locura. Y en un mundo loco, nadie gana.

La causa y el efecto influyen fuertemente en todas las áreas de la vida. No obstante, una persona no tiene que hacer nada malo para ser objeto de odio y comportamiento demente. Y los perpetradores no se limitan a un código postal, clase u ocupación especial. Las "buenas personas" son capaces de cosas tortuosas. Algunos incluso pueden sabotear, o destruir amigos, o familiares percibidos como una amenaza.

La verdad es que estamos viviendo en un mundo corrupto. Siendo este el caso, es difícil que incluso las personas buenas permanezcan ilesas o no contaminadas, especialmente cuando están involucradas en política. A veces, la corrupción es una forma de vida que permite a las personas y organizaciones hacer las cosas. Además del racismo, el sistema a veces se presta a la corrupción. Algunos lo llaman soborno; otros lo llaman extorsión.

La corrupción es una crisis mundial y no ayuda a nadie. A nivel de liderazgo puede ser catastrófico. Tiene un efecto de goteo. En Estados Unidos, la corrupción en forma de racismo sistémico amenaza con socavar la integridad y la autoridad moral del liderazgo de Estados Unidos en el mundo. Es imposible mantener el respeto cuando las cosas condenadas y por las que se lucha en otros lugares se les guiña un ojo o se les permite pasar sin control en el propio país.

Cuando se trata de los derechos civiles de las personas de color en Estados Unidos, los blancos son terriblemente incívicos. Para colmo de males, los sucesivos gobiernos han prestado atención de boquilla a las violaciones. Después de más de 400 años de esclavitud, actos atroces arraigados en el racismo todavía persiguen el paisaje. La cuestión del racismo sistémico no se está abordando con el nivel de seriedad y urgencia requeridos, la apatía y la complicidad contribuyen al caos. Los blancos lo siguen echando de menos.

En los últimos tiempos, los crímenes de odio se han disparado debido a las acciones de los equivocados y desalineados. La locura está relacionada principalmente con la falta de voluntad para considerar a los negros como iguales y tratar a los negros en consecuencia.

Además de los prejuicios, el privilegio blanco se interpone en el camino. Los beneficiarios, incluidos los donantes políticos, son demasiado débiles o tienen miedo para nivelar el campo de juego. Mientras tanto, los negros siguen sufriendo pérdidas y viven aterrorizados por el color de su piel.

El enigma ha evocado lo siguiente: ¿Por qué hay intentos de deshumanizar a las personas de color? ¿Es esta una forma de justificar el trato inhumano? ¿No es el trato inhumano una violación de los derechos humanos y una afrenta al Creador? Si lo que hace que un conjunto de personas sea superior y otro inferior es el color de su piel, entonces el Dios que creó a la humanidad es superficial. Y si de hecho es así, tal Dios sería injusto e indigno de adoración. ¿No es así? A menos que sea racista, ¿por qué cualquier organización religiosa que se precie apoyaría a los practicantes del racismo?

Independientemente de las locuras e injusticias, los estadounidenses negros no se dan por vencidos. Son un pueblo de esperanza, fuerte y resiliente. Este es el único hogar que los nativos negros americanos conocen. Construyeron este país de forma gratuita y, por lo tanto, tienen un interés creado. Además, hay historia y recuerdos.

A pesar de cómo llegaron aquí y cuándo, los negros son partes interesadas en los bienes raíces llamados Estados Unidos. Estados Unidos se construyó sobre la institución de la esclavitud. Por haber sido traídos aquí en contra de su voluntad, y por construir este país de forma gratuita, los negros tienen más derechos que los peregrinos, colonizadores y otros migrantes. Los negros no deberían tener pesadillas debido al color de su piel. Nadie debería.

Ya es hora de que Estados Unidos tenga en cuenta el racismo sistémico y otras formas de injusticias. "La justicia demorada es justicia denegada". Además, el crimen incontrolado conduce a un crimen incalculable. Al igual que la gripe, la corrupción se está contagiando. Algunos dirían que tiene un efecto dominó. "La injusticia en cualquier lugar es una amenaza para la justicia en todas partes", declaró el Dr. King, el fallecido activista de los derechos civiles.

La mejor manera de combatir la injusticia es empoderar a todos y realmente hacer que cada persona sea igual ante la ley. A menos que sea suicida, es poco probable que alguien se aproveche de los fuertes, especialmente cuando se ve obligado a jugar con las mismas reglas.

Los acosadores están completamente convencidos del poder de la fuerza para influir en las personas para que hagan lo correcto. Por ejemplo, China. Independientemente de las cuestiones de derechos humanos y la política, China no es tratada como Cuba. ¿Por qué? China tiene lo que Estados Unidos quiere: una mano de obra barata y calificada, capaz de fabricar cualquier cosa de manera competitiva y suministrarla a nivel mundial. Las empresas de todo el mundo son incapaces de resistir el atractivo de China. El deseo insaciable de obtener ganancias es el resultado final. Además, Estados Unidos no anula o sabotea fácilmente la cuota de mercado y el dominio de China en la industria manufacturera, de ahí las diferencias de trato en comparación con Cuba.

¿Es el egoísmo de Estados Unidos un caso de miopía? ¿Y cómo ha afectado esto a sus relaciones con el Caribe, América Latina y África? China está cortejando corazones al construir infraestructura social en estos lugares y está utilizando su buena voluntad para pivotar en otras áreas de interés, como la geopolítica, la defensa y el comercio. Emprendimiento y cuota de mercado. El poder blando de China está teniendo efectos sólidos.

Mientras China cuelga la zanahoria, Estados Unidos agita el gran palo, promocionando la responsabilidad personal a expensas de la administración social. Los políticos en Estados Unidos están subestimando la capacidad de la infraestructura social y la bondad para influir en las mentes y permitir el crecimiento. Además de perder una oportunidad de crecimiento, la autoridad moral se pierde, al menos por la de un partido político, que parece empeñado en suprimir los votos negros y favorecer a los ricos a expensas de los pobres.

Los supremacistas están dividiendo a la nación con afirmaciones de tener razón sabiendo muy bien que están equivocados en la búsqueda de una agenda racista. El alarmismo, las afirmaciones de privilegio blanco y el amiguismo desenfrenado se están utilizando para ganar apoyo y defender lo indefendible. Se están tomando medidas retrógradas para revitalizar a Jim Crow. Afirmaciones falsas, otros actos de engaño y apoyo al extremismo, además de ser una afrenta a la democracia promueven la justicia selvática. Estas medidas parecen calculadas para provocar una guerra civil.

Políticamente, las líneas se trazan más claramente ya que, a pesar de la abolición y la emancipación, el racismo sistémico es omnipresente y, por lo tanto, sigue siendo una parte integral de la cultura estadounidense. Al igual que en la Guerra Civil, los negros están en medio de la controversia y se ven obligados a tomar partido genuinamente interesado en liberar y apoyar las vidas negras.

Se están haciendo sacrificios de la población negra basados en las percepciones de los derechos de los blancos. El trato a los negros sigue siendo cruel, expresado crudamente y en formas sofisticadas de salvajismo. A pesar del hecho, los negros están aumentando, causando ira blanca, lo que lleva a un comportamiento aún más loco.

Hacer lo correcto rara vez se considera. Las personas hacen lo que hacen porque pueden, hasta que se ven obligadas a reconciliar las diferencias. ¿Qué se necesitará para que los negros sean tratados con justicia en Estados Unidos? Claramente, las voces de los cabilderos y otros activistas por el cambio social no están siendo escuchadas.

Dado que es natural respetar la fuerza y explotar la debilidad, todos necesitan ser empoderados, no solo algunas personas, sino todas las personas. Empoderar a todos facilitará una sociedad justa y, con suerte, civil. Dado que la justicia de la selva es inapropiada y contraproducente, necesitamos encontrar formas de transformar la jungla estadounidense. En igualdad de condiciones, esto debería controlar la envidia y la codicia, y permitir la rendición de cuentas.

Empoderar es aumentar la capacidad, no la confiabilidad. Es mover a las personas de una vida de desesperación a una de aspiración. Es mover a las personas de un lugar de opciones limitadas a uno de opciones crecientes. Es fomentar la creatividad, no enmudecerla. Está moviendo a las personas del modo de supervivencia al modo de prosperidad, de una mentalidad de pobreza a una mentalidad de prosperidad.

En términos generales, las personas que lo hacen mejor serán mejores. Se sentirán mejor consigo mismos y se relacionarán mejor con los demás. Por tener más opciones, no estarán tan desesperados por pensar, creer o hacer lo inimaginable. En su mayor parte, las personas se relacionan con el mundo en función de su propia experiencia del mundo. Una experiencia compartida, sin embargo, no significa necesariamente una respuesta común.

Las elecciones juegan un papel crucial en la percepción y la respuesta, independientemente de las circunstancias. La realidad es que Estados Unidos es un país dividido. Además de la política y la raza, Estados Unidos está dividido por diversas culturas y valores, nociones de nacionalismo y por nociones de comportamientos "normales" y "anormales".

Una parte considerable del problema tiene que ver con la necesidad de respeto: por el valor inestimable del individuo y sus derechos inalienables, por la diversidad, por las opiniones divergentes y las elecciones personales de individuos y organizaciones, dentro del contexto más amplio de responsabilidad y rendición de cuentas.

Existe una grave amenaza a la libertad de expresión, incluida la elección personal. En medio de puntos de vista contradictorios, diversos grupos e individuos buscan imponer la conformidad e imponer su voluntad. Las opiniones divergentes deben competir libremente en el mercado de la opinión pública. Los formadores de opinión (individuos y organizaciones) deben jugar con las mismas reglas y tener la misma oportunidad de expresar y defender sus posiciones. La salud de las personas y de la sociedad en general depende de la libertad de elección, incluida la libertad de expresión.

De hecho, los recursos financieros ayudan a facilitar la libertad y deben buscarse. Sin embargo, hay más en la riqueza que en el dinero, y hay más en la salud que en el bienestar físico. La salud y la riqueza cubren muchos temas interrelacionados, como el desarrollo intelectual, emocional, económico, físico, social, moral y espiritual. Todas estas zonas deben ser atendidas así como el entorno natural en el que vivimos. Eldesarrollo h olístico debe ser el objetivo.

Además, el desarrollo no debe restringirse a un grupo étnico en particular, un paisaje geopolítico o personas que anhelan una tribu política en particular. El mundo es una aldea global, que comprende personas de diversas etnias, conocidas como humanos. Como seres humanos, estamos conectados. Pertenecemos a una raza: la raza humana. No evolucionamos en varias razas después de la Creación. Los seres humanos evolucionaron en etnias, y en el proceso del tiempo se adaptaron a diversos entornos, de ahí los cambios en el color de la piel, el cabello, los ojos, etc.

A pesar de la geografía, las diferencias en las costumbres de apariencia, las tradiciones, etcétera, compartimos una humanidad común y somos iguales bajo Dios. Cada vida es sagrada y de valor inestimable, cuyo desarrollo hace del mundo un lugar mejor para todos. Como tal, todos deben tener una oportunidad justa de cumplir sus sueños o aspiraciones.

La supervivencia de la raza humana es de suma importancia e incluye los derechos de todos, derechos que son fundamentales e inalienables, libres de trabas por la política, la nacionalidad, el origen étnico y los grupos de interés. La vida se trata de todos nosotros, no solo de algunos de nosotros. Desafortunadamente, el credo de los supremacistas blancos es BLACK-OUT. Existe una cultura de exclusión.

Al igual que la marihuana, la codicia está corrompiendo el suelo de la mente. La codicia estadounidense ha llevado a todo tipo de atrocidades, incluido el asesinato. Las inequidades y las injusticias prevalecen. Los descendientes de personas consideradas esclavas continúan siendo aterrorizados y mantenidos abajo. Mejor ha llegado para algunos, pero amargo para otros. La búsqueda de la felicidad se pierde en medio de gritos de injusticia, principalmente cuando los seres queridos son asesinados a manos de la policía.

En nuestro mundo civilizado, hay una preponderancia de comportamiento incivil, incluido el asesinato. Impulsados por el racismo, los supremacistas asesinan física, psicológica, intelectual, social, espiritual, económica y ambientalmente. Las personas pueden ser golpeadas en hogares, iglesias, cines, clubes o en las calles. Además, el racismo es sistémico.

La soga del racismo sistémico tiene a las personas de color atadas más fuerte que otras, lo que dificulta que muchos respiren. La rabia y el odio influyen en las sensibilidades y obstaculizan el progreso. El poder blanco está exudando toxicidad, sofocando y causando la muerte. El siguiente poema resume los sentimientos comunes.

Tomadores de libertad

¿Entiendes la lucha, la tensión,
El sufrimiento, la pérdida y el dolor inexplicable;
La privación y el confinamiento cruel,
¿El dolor y el desconcierto absoluto?
Los tomadores de vida despectivamente dando un latigazo.
¿Por reivindicar los derechos humanos? ¡Estoy horrorizado!
Privar de lo que es inherentemente mío;
Fruto de la creación de Dios desde el principio de los tiempos.
Empleando todo tipo de tácticas para sellar mi labio.
Castigando la "insubordinación", debo bromear.
Progresando en la declinación, las normas difamadas;
Retrocediendo en la retención, los proscritos reclamados.
Por fingir apoyo a mi liberación,
Buscan alabanza y adoración.
Negando la supremacía pero condescendiente;
Promover el elitismo, intolerancia sin fin.
Los tomadores de la libertad me están haciendo retroceder.
Los supremacistas siguen en el ataque.
Los ladrones de libertad están tratando de descarrilar.
Sin embargo, mis esperanzas y sueños prevalecerán.

\- *Douglas A. Lawton*

Los negros están siendo oprimidos: la vida, la libertad, la prosperidad y la igualdad están siendo negadas, debido al color de su piel. Los supremacistas han recurrido a la limpieza étnica y otros actos inhumanos, reclamando la supervivencia del más apto. Proliferan los sicarios sociales y económicos: algunos son a sueldo y otros apenas están expandiendo su imperio. No creen en vivir y en dejar vivir a los demás. Creen en aplastar a la competencia, en destruir la competencia o debilitarla lo suficiente como para permitir la explotación, la dependencia y el control. Muchos no aceptarán un no por respuesta. Si no pueden controlarte, te quemarán. Para estos narcisistas, es solo negocio.

Debido a un espíritu de competencia y una supervivencia de la mentalidad más en forma, no hay espacio para empujar o levantar a los demás. La vida no lo incluye a él, ni a ella, ni a ellos. Se trata de nosotros y yo.

El egoísmo triunfa sobre todo. Como resultado, los supremacistas pueden ser tan asesinos como los traficantes de drogas, y están tan dispuestos a atacar a quien se resista, se interponga en su camino o infrinja lo que se cree "su territorio".

De ahí la división y el socavamiento constante. En un mundo inseguro, no hay paz real. Todos están asustados y demasiado ocupados luchando por la supervivencia. Sin embargo, el verdadero problema no es sólo la supervivencia; se trata principalmente de la codicia estadounidense. De hecho, "el mundo tiene suficiente para las necesidades de todos, pero no para la codicia de todos". (Mahatma Gandhi).

Imagínese la diferencia que haría, si mirarse la espalda del otro fuera algo que todos realmente emprenderíamos. Imagínese.

¡Ay! Demasiados ven la vida en términos de competencia, y en términos de "nosotros" y "ellos". Sin embargo, sin ellos no hay nosotros, y sin nosotros no hay ellos. Los miembros de la raza humana están inextricablemente vinculados, sin importar cómo algunos puedan comportarse o pensar. La competencia no tiene que ser brutal o negativa. La competencia leal puede ser buena, si saca lo mejor de nosotros y sirve al bien común.

A estas alturas, COVID debería haber enseñado que somos seres frágiles e interdependientes, que la enfermedad y la debilidad entre unos pocos pueden comprometer la salud y la fuerza de muchos, que nuestra supervivencia depende de la fuerza de todos nosotros, no solo de unos pocos, y que los más grandes entre nosotros son servidores de los demás, no servidores de sí mismos.

¡Ay! El egoísmo y la codicia han sido la perdición de nuestra existencia. Sin embargo, la elección sigue siendo vivir juntos en armonía y fuerza, o discordia y debilidad. Tenemos la opción de elevar la personalidad en todas partes, no solo a las personas de nuestro clan o esfera. Ciertamente no puede estar bien con nuestra alma si no nos preocupamos por la humanidad en general.

La raza humana está compuesta por grupos étnicos. En nuestra sociedad estratificada, varias clases ejercen grados de poder. Los negros son los más impotentes debido al racismo sistémico y son descartados como muertos. A menos que sea sobrenatural, es imposible que los hombres muertos se levanten de las cenizas y comiencen a caminar. Sin embargo, los negros están siendo resucitados de entre los muertos todos los días. Algunos están gateando, otros están caminando, algunos están corriendo y otros están volando. Estos son nuestros héroes, que nos inspiran y nos dan esperanza: esperanza en nosotros mismos y un mañana mejor. Sus caminos han estado llenos de sangre, sudor y lágrimas, pero un nuevo día está amaneciendo. Los antepasados han hablado: "Venceremos".

El viaje ha sido largo y cansado, pero veremos la promesa de la tierra. Parte del viaje incluye hacer que los blancos vean las cosas desde los puntos de vista de los negros, que se pongan por un momento nuestros zapatos y que "hagan a los demás lo que desearían que otros les hicieran". Y para imaginar.

Imagínese que se le suprime o se le niega el derecho al voto, debido al color de su piel. Imagínese.

Imagínese que lo mantienen bajo de todas las maneras posibles y solo ganan el salario mínimo, no un salario digno. Y su gente que se gana la vida no tiene vida. Imagínese.

Imagínese no poder alimentar a sus hijos o alquilar un apartamento decente. Imagínese.

Imagínese verse obligado a enviar a sus hijos a escuelas que están mal equipadas para darles una educación de calidad, y sus escuelas son inferiores a las escuelas en comunidades ocupadas por personas cuya única diferencia es el color de su piel. Imagínese.

Imagínese no poder enviar a sus hijos a la universidad para que puedan obtener una educación capaz de ponerlos en camino para realizar sus sueños. Imagínese.

Imagínese obtener un préstamo para gastos universitarios, pero todavía está luchando para pagarlo mucho después, a pesar de trabajar seis días a la semana. Imagínese.

Imagine que le resulta difícil calificar para un préstamo, y cuando obtiene uno, el interés es más alto que la tasa cobrada a otros en función del color de la piel. Imagínese.

Imagine que el valor de sus bienes raíces es menor en comparación con propiedades similares propiedad de personas de un color de piel diferente. Imagínese.

Si los zapatos de los hombres negros estuvieran en los pies de los hombres blancos, los negros sin duda estarían sintiendo el calor.

Imagínese estar enfermo y tener sus ahorros eliminados debido al alto costo de la atención médica. Imagínese no poder ver a un médico porque no tiene seguro de salud. Imagínese poder pagarle al médico pero no poder surtir la receta. Imagínese.

Imagínese luchar por su país y hacer todo lo posible para contribuir a su éxito y seguridad solo para ser tratado inhumanamente, inferior y discriminado de otra manera, debido al color de su piel. Imagínese.

Imagina vivir con miedo a los supremacistas y a los policías racistas. Imagina ver a tus seres queridos asesinados a tiros en la calle por el color de su piel. Muchos en la comunidad negra están experimentando TEPT debido a eventos traumáticos que involucran el asesinato de hombres negros. Imagínese.

Imagina que te acusan de crímenes que no cometiste. Imagina vivir en un mundo de perfiles raciales y estereotipos. Imagínese.

Imagina años tras las rejas y trabajos forzados por capricho de otra persona, debido al color de tu piel. Imagínese.

Sin embargo, los blancos desean que los negros sigan adelante: que sigan adelante sin abordar su dolor y sin ninguna forma de reparación; aceptar la supremacía blanca y someterse a insultos e indecencia. Pero, ¿cómo puede la gente seguir adelante sin intentos genuinos de corregir los errores? ¿Qué pasa con la reparación?

Por lo general, en un tribunal de justicia, una persona puede demandar por daños y perjuicios. Sin embargo, los daños causados a los negros a lo largo de los años y continúan haciéndose siguen sin ser correspondidos, a pesar de la abrumadora evidencia del crimen. Dado que los negros no son vistos bajo la misma luz que otros humanos, se está negando la justicia (incluida la reparación).

A pesar de esta y otras injusticias, hay esperanza. Un área está en el campo de los deportes. La industria del deporte ha recorrido un largo camino y ha sido un gran cambio de juego para los desatendidos y desfavorecidos, en los últimos tiempos. Además de alimentar apetitos insaciables, las industrias del deporte y el entretenimiento brindan oportunidades para hacer riqueza obscena tanto para negros como para blancos. Esta es una gran victoria para los blancos y para la nación en general. El éxito de los negros en el deporte y el entretenimiento ha ayudado a otras instituciones y al país en general a alcanzar notoriedad, sin mencionar el aumento del producto interno bruto (PIB). ¿Te imaginas las posibilidades, si el acceso a otras oportunidades estuviera tan fácilmente disponible?

Irónicamente, en el amañamiento deportivo el juego se considera trampa. Si son atrapados, las personas o equipos pueden ser multados y descalificados. Sin embargo, apilar la baraja contra los negros en áreas de mayor importancia se está haciendo a plena luz del día y se le está guiñando un ojo.

Manipular el juego y reclamar superioridad al mismo tiempo desafía la razón. Mientras se finge superioridad, hay miedo e inseguridad. Aparentemente, el juego tiene que ser amañado para asegurar el dominio. En consecuencia, ventajas y oportunidades injustas.

Estados Unidos está cayendo libremente moral y espiritualmente en el tobogán del racismo. El narcisismo que se manifiesta como egoísmo y codicia ha sido nuestro credo. Y cuanto más ricos nos hemos vuelto, más incívicos nos volvemos; los modales están relegados al pasado. Además, la corrupción es endémica. La moralidad está siendo engullida por las olas de la modernidad. El comportamiento poco ortodoxo está siendo tratado como normal y está siendo impuesto como progresivo. La verdad está siendo suprimida. La ignorancia está infligiendo dolor y está contribuyendo al caos. Las mentiras se imponen como verdades y se transmiten como hechos alternativos. La oscuridad está aumentando la ceguera. Los capitanes se están perdiendo en el mar en barcos sin timón y los esfuerzos humanos van con el viento.

La corrupción está levantando su fea cabeza, y tarde o temprano todos estarán muertos. A pesar de lo que tenemos o no tenemos, todos están destinados a la tumba, hasta la resurrección y el día del ajuste de cuentas. Al final, no habrá demócratas ni republicanos, ni clases ni tribus, ni razas ni etnias, ni negros ni blancos, ni nosotros ni ellos, solo personas conocidas como humanos. Finalmente cosecharemos lo que hemos sembrado.

Hay mucho que se puede decir sobre la siembra y la cosecha. Es una ley de la naturaleza. También es espiritual y fomenta la responsabilidad. Necesitamos ser buenos administradores, porque la responsabilidad viene con la rendición de cuentas.

Además de tratar a los demás de la manera en que nos gustaría ser tratados y ser el guardián de nuestro hermano, la mayordomía fiel implica una gestión adecuada de los recursos. No hay falta de recursos en Estados Unidos. La propagación es simplemente desigual. Aunque hay necesidad de una masa crítica para unir manos y corazones y ayudarse mutuamente. El desafío es encontrar personas motivadas o dispuestas.

Hasta donde sabemos, hay una tierra y una humanidad. Nos vemos afectados por el clima del entorno físico y espiritual, y por el clima de nuestras relaciones. Por lo tanto, o nos levantamos juntos o somos enterrados prematuramente. Personas como Oprah, Tyler, LeBron, Whoopi y otros han dado un paso al frente y están haciendo una diferencia significativa. Sin embargo, otros necesitan unirse a ellos, y se necesita hacer mucho más, particularmente con respecto a la Familia Negra.

Se debe prestar mayor atención a la familia negra, especialmente en términos de desarrollo de la educación financiera. Dado que la familia es la base de la sociedad, se deduce que la educación financiera juega un papel fundamental y crítico en la preservación de la familia, especialmente porque la angustia financiera es la razón número uno para el divorcio. El desarrollo de la educación financiera debe ser una parte integral del proceso educativo de los niños. Los adultos también deben aprovechar las oportunidades para ser financieramente inteligentes para que puedan modelar un comportamiento apropiado, ya que "los niños aprenden lo que viven". (Dorothy Lew Holte).

Los niños aprenden lo que viven
Si un niño vive con críticas,
Aprende a condenar.
Si un niño vive con hostilidad,
Aprende a luchar.
Si un niño vive con el ridículo,
Aprende a ser tímido.
Si un niño vive con vergüenza,
Aprende a sentirse culpable.
Si un niño vive con tolerancia,
Aprende a ser paciente.
Si un niño vive con aliento,
Aprende confianza.
Si un niño vive con alabanza,
Aprende a apreciar.
Si un niño vive con justicia,
Aprende justicia.
Si un niño vive con seguridad,
Aprende a tener fe.
Si un niño vive con aprobación,
Aprende a gustarse a sí mismo.
Si un niño vive con aceptación y amistad,
Aprende a encontrar el amor en el mundo.
- Dorothy Lew Nolte

Desafortunadamente, el comportamiento inapropiado se ha transmitido de una generación a la siguiente, sin ninguna evaluación seria. La mayoría simplemente corre con la manada, creyendo y conformándose con lo que es popular. Algunos son demasiado cobardes para molestar el carrito de manzanas, y otros demasiado apáticos. Hasta que sea personalmente victimizado o afectado por la desgracia de familiares o amigos, los problemas preocupantes que afectan a la sociedad siguen siendo el problema de otra persona.

Mucho de lo que se experimenta en la sociedad, el comportamiento antisocial como el odio, se aprende. Sobre la base de las tendencias actuales, es necesario desaprender mucho. Afortunadamente, el comportamiento inapropiado puede ser desaprendido, y los malos hábitos pueden ser curados. Pero se necesita deseo y compromiso para cambiar. Se necesita un esfuerzo consciente y deliberado. La gente realmente debe querer ser mejor para hacerlo mejor.

Hay esperanza. Los niños están viendo a través de la hipocresía de sus padres y abuelos y se sienten ofendidos por las injusticias. La exposición a las personas negras en el sistema escolar, la Internet y otros medios, particularmente las redes sociales, han permitido a muchos ver la vida de manera diferente. A diferencia de sus padres y abuelos, los jóvenes parecen dispuestos a marcar la diferencia.

Una masa crítica de personas mayores comprometidas con el cambio podría inclinar la balanza y pivotar hacia una sociedad más humana. En cualquier caso, el cambio es inevitable. Todos podríamos humillarnos y aprender a vivir juntos.

Los supremacistas blancos deben dejar de perpetrar violencia y crimen de cuello blanco. Es imposible deshumanizar a los demás sin convertirse en un demonio en el proceso, y sin producir según tu especie. Alguien dijo una vez: "El comportamiento se atrapa, no se enseña". Es necesario dar un mejor ejemplo a nuestros hijos y nietos. Esto hará del mundo un lugar mejor para que todos vivan.

La aldea necesita trabajar en conjunto con el hogar para producir una sociedad madura y resiliente. El crecimiento del talento individual es importante. Sin embargo, el individuo no es ni hecho a sí mismo ni autosuficiente. Solo en un entorno enriquecedor los individuos y su talento verán un crecimiento sostenible. El espíritu del individualismo, por lo tanto, necesita ser desplazado por el espíritu comunitario.

Se ha dicho que "se necesita un pueblo para criar a un niño". Por lo tanto, además de las elecciones personales, el éxito y el fracaso también dependen de las elecciones hechas por la comunidad. Desafortunadamente, la comunidad a menudo se apresura a atribuirse el mérito del éxito de los individuos, pero tarda en aceptar la responsabilidad de su fracaso. Muchos se quejarán y condenarán, pero no harán nada para ayudar o promover el cambio. En términos generales, las personas son moldeadas por su entorno y reaccionan al mundo en función de su experiencia del mundo.

Aunque es posible resistir la mentalidad de la manada y ser diferente, ninguna mente es una isla. Todos están en un lugar de influencia, para el mal y para el bien, algunos ejercen más influencia que otros. En el futuro, las personas deben comprometerse mutuamente con el fin de trabajar en soluciones prácticas, en interés de la sociedad en general. La personalidad se cumple en el vecindario, y juntos todo es alcanzable. "Unidos estamos de pie, divididos caemos". (Esopo).

Cualquier cosa es alcanzable, pero primero, necesitamos construir un cortafuegos de protección y apoyo para nuestra gente, donde el énfasis no esté solo en la economía sino también en la política. Necesitamos galvanizar en torno a temas importantes para nosotros, como el derecho al voto, asegurando que tengamos un asiento en la mesa del poder. No podemos esperar ser representados de manera justa si no tomamos la iniciativa de representarnos a nosotros mismos sin miedo. Necesitamos decir la verdad al poder, tener un asiento en la mesa del poder y ser fieles a nuestro poder. Tenemos que ser políticamente astutos.

Además, necesitamos tener más confianza en nosotros mismos y en los demás. Esto significa dejar de buscar en white people la validación y el permiso. Necesitamos encontrar formas de ayudar a las personas negras a sentirse más cómodas en el color de su piel y estar orgullosos de ello. Además, necesitamos abolir los mitos asociados con el privilegio blanco. Las paredes que dividen a los seres humanos sobre la base del color de la piel deben ser derribadas. Desmontar el sistema o nivelar el campo de juego es un paso en la dirección correcta. La justicia es relevante para la paz interna y externamente.

Estar verdaderamente orgulloso de ser negro es honrar el arduo trabajo de nuestros antepasados. Es elevarnos de todas las maneras posibles y hacer del mundo un lugar mejor para la próxima generación. Puede que no seamos capaces de cambiar a las personas que nos rodean, pero podemos convertirnos en una fuerza poderosa a tener en cuenta, de modo que, ya sea que a los demás les gustemos o no, estén obligados a respetarnos y tratarnos de manera justa. Necesitamos ser fieles a nuestro propio poder y fieles al poder de nuestro pueblo.

Lo necesario y fructífero es un camino capaz de posibilitar el cumplimiento de los sueños personales y del destino colectivo. Una masa crítica de personas que tienen éxito junto con nuestras superestrellas, son capaces de sacudir el sistema. No necesitamos estar en la mayoría para ser poderosos y auténticos. La calidad supera a la cantidad en cualquier momento.

La mayoría puede no estar debidamente preparada o equipada. Y la opinión de la mayoría no es necesariamente auténtica o basada en la verdad. Invariablemente la percepción se basa en la realidad alternativa, en miedos, malas interpretaciones, especulaciones, supersticiones y tradiciones.

Para tener éxito, necesitamos una brújula moral bien ajustada: verdades inexpugnables, que nos guíen en el camino. Todas las brújulas morales no son iguales, y cada camino no conduce al mismo lugar. Necesitamos determinar a dónde queremos ir y trazar un camino capaz de llevarnos allí. Necesitamos ser poderosos en términos de integridad moral, destreza intelectual, visión, ingenio, sabiduría y magnanimidad. No podemos darnos el lujo de ser consumidos por el odio. El odio oscurece el alma y hace más daño al odiador que al objeto del odio. Además, necesitamos aceptar que sólo Dios es perfecto. Por lo tanto, necesitamos confiar en Dios implícitamente, pero andar con cautela con los demás. Algunos pueden sonreír con nosotros o actuar civilmente y aún así hacernos daño. Las personas aparentemente amables aún pueden socavar. La gente amable de hoy puede ser cruel mañana. La naturaleza humana hace imperativo que constantemente reevaluemos las relaciones y no demos nada ni a nadie por sentado. Incluso amigos y familiares pueden resultar infieles.

Nadie es inmune al mal, y no hay vacuna para el mal. Sólo Dios puede mantenernos alejados del mal y librarnos en tiempos de problemas. El bien y el mal siempre están en contienda, las elecciones hechas apoyan a uno u otro. Tenemos la opción de perpetuar el mal o impulsar y expandir el círculo del amor. Además de afectarnos personalmente, las decisiones tomadas por una generación afectarán a las generaciones venideras. Las opciones son como las semillas sembradas. Darán fruto en el tiempo y la temporada. Elijamos sabiamente.

Se deben encontrar soluciones prácticas para hacer frente a nuestro mundo en constante cambio. Sin embargo, el pragmatismo debe ser equilibrado por el idealismo. Sin ideales, no hay nada por lo que luchar: el status quo será aceptado, el crecimiento positivo será negado y los seres humanos caerán libremente en la involución. Además, debemos ser más respetuosos con las opiniones y elecciones de otras personas. También debemos estar atentos para salvaguardar los derechos humanos y decir la verdad al poder, independientemente de la política y otras afiliaciones.

La educación debe ser un objetivo importante, con la educación financiera integrada en el plan de estudios de la escuela. También se debe hacer hincapié en el desarrollo de la inteligencia emocional. La inteligencia emocional es la base para el aprendizaje y el comportamiento prosocial. También se deben considerar otras habilidades para la vida, que permitan el desarrollo holístico.

El desarrollo humano debe tener lugar emocional, intelectual, financiera, social y espiritualmente. La gente presta demasiada atención a lo externo, al tratar de impresionar con lo físico y lo temporal. Por otro lado, muy pocos recursos se despliegan hacia el desarrollo de lo que es espiritual y permanente. Por lo tanto, una persona puede ser bonita por fuera y fea por dentro. Hay demasiada superficialidad, falsedad y maldad en el mundo. Demasiadas personas ven la vida en términos de competencia y en ganar la carrera de ratas. Algunos creen en ganar a cualquier precio: el fin justifica los medios. Como consecuencia, además de perder sus almas, están corrompiendo a la raza humana. Además, hay una revolución amoral, causando involución moral y espiritual. Hoy todo vale.

Dado que las personas tienen derecho a sus opiniones y elecciones, y dado que las opiniones y elecciones tienen un valor relativo, se deduce que no se debe esperar que sean recompensadas por igual. Si esto no sucede en el mundo real de las elecciones amorales, ¿por qué debería suceder en lo que respecta a las elecciones morales? Ser progresista no debe significar un comportamiento indiscriminado y la aceptación de las elecciones personales o de otras personas. El juicio necesita ser agudizado, no amortiguado o apagado. El desarrollo de los individuos, las instituciones y la sociedad depende de una inteligencia sólida.

Me gustaría hacer hincapié en la "inteligencia sonora", porque la inteligencia no es necesariamente sólida; Además, la inteligencia poco sólida conducirá al desastre. La inteligencia puede ser astuta, pero no sabia. En estos días estamos siendo desafiados por hechos alternativos, y por una lógica invertida y mal. Muchos están llamando al bien malo y al mal bien. El comportamiento inapropiado se considera creativo y entretenido. Se celebra la libertad de desafiar las normas. Las personas que se aferran a un mínimo de estándar son ridiculizadas y vistas como dinosaurios.

El progreso debe reflejar la mejora o la mejora, no el desenfreno. Las decisiones inteligentes deben llevarnos hacia adelante, no hacia atrás; deberían hacernos excepcionales, no anormales. La línea entre lo normal y lo anormal no debe ser borrosa y tratada como si estuvieran separadas sino iguales. Poner el comportamiento anormal en el mismo plano que el comportamiento considerado normal es ridículo y contraproducente. Debemos celebrar la diversidad, no el libertinaje. Para ser progresistas, además de inclusivos, debemos ser selectivos. Debemos seleccionar las mejores prácticas en todas las disciplinas, incluida la espiritualidad, y usarlas para promover el bienestar de toda la raza humana.

Nos hemos dado cuenta de que la modernidad y la riqueza no equivalen a la civilidad y la decencia. Es evidente que tanto los "ganadores" como los "perdedores" han contribuido a un comportamiento vergonzoso y demente. Los competidores en la "carrera de ratas" se han hundido a niveles subhumanos. Hemos aprendido que, aunque es importante, una buena educación puede mejorar el estatus social y no mejorar la estatura de nuestra alma. Ser educado o rico puede hacernos más ricos, pero no necesariamente nos hace mejores seres humanos. Falta equilibrio. El éxito para la mayoría es unidimensional y miope. Como resultado, muchos están llenos y, sin embargo, vacíos. Han pasado toda una vida persiguiendo el viento, después de cosas que son fugaces, cosas en las que no se puede confiar para abordar problemas reales, como el significado y el propósito de la vida.

En consecuencia, a pesar de la "prosperidad", la fama y la fortuna, muchos se suicidan; otros dependen de las drogas para que se sientan mejor consigo mismos. Se despiertan todos los días sintiéndose bajos y buscando un nuevo subidón, atrapados por una mentalidad de solución rápida, en un mundo cegado por la superficialidad. La ironía es que la nación más "próspera" y poderosa del planeta es el consumidor número uno de drogas y tiene una de las tasas de suicidio más altas. Entre los diez países con más armas per cápita, Estados Unidos ocupa el lugar más alto y tiene aproximadamente dos veces el número de armas que posee el país que ocupa el segundo lugar. ¿Es esto debido a la inseguridad, o es otra cosa?

La calidad de vida disminuye, a medida que las personas se consumen por los miedos, se poseen por las posesiones y se obsesionan con las ocupaciones y los títulos. En lugar de liberar, las adquisiciones esclavizan. A pesar del costo, algunos han abrazado las cadenas y se aferran tenazmente. Otros se mueven constantemente al ritmo de una cosa u otra, o a un baterista u otro. Algunos se han rendido a los bateristas, hábiles para encantar y tomar su alma, la alegría resulta temporal. Las personas y sus logros nunca son lo suficientemente buenos.

Pueden ser geniales, pero nunca lo suficientemente grandes. Pueden estar llenos y, sin embargo, hambrientos.

Enganchadas a las adquisiciones y aspiraciones, las personas están tropezando por más, algunas nunca se toman el tiempo para disfrutar de la vida, otras a su alrededor y la naturaleza que los rodea. Son seres sintéticos, girando pero sin avanzar. Digitalizados y monetizados, están programados para moverse al ritmo de las agencias de socialización, incluidas las redes sociales.

A muchos no les importa que les jueguen, siempre y cuando su papel sea recompensado, incluso si es solo por diversión. Pero los proveedores de *infonomía* se toman las cosas más en serio. Se trata del efectivo. Además, la información no tiene que ser precisa o asociada con un objetivo digno. Hay dinero que ganar en la difusión de propaganda y en la creación de conflictos. EL CAPITAL MIENTE y la SUCIEDAD venden.

Los miembros de la red se involucran entre sí con fines de lucro, sabiendo muy bien que sus relaciones son transaccionales y tenues. Se busca dinero para permitir la riqueza y la influencia, de ahí la carrera de ratas.

En la carrera de ratas, todos quieren un pedazo más grande del pastel y no están demasiado preocupados por quién es pisoteado. Curiosamente, cuanto más ricos nos volvemos, más incívicos nos volvemos.

El civismo está siendo desplazado por el orgullo y la arrogancia, mientras que el sentido común se está volviendo menos común. En lugar de trabajar por el bien común, devaluamos a las personas que nos hacen ricos e impedimos que estén sanos. Matamos a la gallina de los huevos de oro y luego nos preguntamos por qué estamos en rojo. Los engreídos e intolerantes son demasiado pequeños y egocéntricos para ver el panorama general.

La codicia está causando que muchos sangren y tomen la sangre de otros. Los capitalistas rapaces están rompiendo relaciones y destruyendo vidas. Las personas civilizadas están siendo incívicas y bárbaras en la búsqueda de una agenda racista.

Irónicamente, el racismo es crónico en una de las naciones más multiculturales del mundo, y una nación construida por inmigrantes exhibe tendencias nacionalistas y parece no apoyar a los inmigrantes, especialmente a las personas de color. Más poderosa del mundo tiene el mayor número de encarcelamientos, el mayor número de armas y propietarios de armas, tiene uno de los niveles más altos de homicidios, el mayor número de drogadictos, paga más por la atención médica, incluidas las drogas farmacéuticas, y tiene una de las tasas de suicidio más altas del mundo. El suicidio es la décima causa principal de muerte en Estados Unidos. Además, en la nación más próspera de la tierra, al menos el 10% de la población vive por debajo de la línea de pobreza, algunos trabajando 3 y 4 empleos solo para llegar a fin de mes.

Si el progreso no nos hace mejores y la prosperidad no necesariamente mejora el bienestar, debemos hacer una pausa y examinar las métricas utilizadas para evaluar estos atributos. Desafortunadamente, muchos no quieren pensar; otros están programados para dejar que alguien más piense por ellos y les diga qué hacer. Algunos tienen miedo de enfrentarse a sus demonios y, por lo tanto, carecen del coraje y la disciplina necesarios para el cambio. Algunos no quieren cambiar; se sienten demasiado cómodos en su zona de confort y, por lo tanto, no están dispuestos a trabajar. En el análisis final, la mayoría son superados por la miopía, la indisciplina, el odio y el egoísmo.

La nación necesita desplazar el egoísmo, la codicia y el odio con amor. Nada es tan duradero y nos asegura más profundamente que el amor. El amor es más iluminador que la luz. Es más poderosa que la electricidad, más consumidora que el fuego, más transformadora que la religión, más valiente que los guerreros, más fortificante que las fortalezas, más conmovedora que las lágrimas, más afirmativa que exitosa, más gratificante que los logros, más gratificante que el sexo, más adornadora que la ropa, más atractiva que la belleza, más amable que los filántropos, más convincente que la retórica, más solidaria que la familia, más perceptivo que los sabios, y más pacífico que las palomas. El amor es vivificante y, por lo tanto, más grande que la vida.

El amor se centra en edificar a las personas, no en derribarlas. Desafortunadamente, en nuestro entorno impulsado por el consumidor, las malas noticias tienen una gran demanda y venden más en comparación con las buenas noticias. A todo el mundo le gusta un escándalo y disfruta de un festín de chismes. Y al igual que los amantes de la comida chatarra, algunos no discriminan ni se toman el tiempo para evaluar lo que están consumiendo y los efectos en su mente y cuerpo.

El consumo de basura ha contribuido a aumentar la energía negativa y el comportamiento antisocial. La verdad es que, si fuéramos tan celosos en difundir buenas noticias como lo hemos sido sobre las malas noticias, muy probablemente la luz habría vencido a la oscuridad. Habría habido más personas haciendo el bien, en virtud del refuerzo positivo y su influencia en la sociedad. Si queremos mejorar el comportamiento prosocial, el estímulo y la recompensa son imperativos. Un poco de aliento ayuda mucho en el proceso de elevación.

Sin embargo, el amor no es condescendiente y paternalista. Y aunque potencialmente útil, la filantropía no es necesariamente una medida de buena voluntad. Amar es ser amable. Sin embargo, no todos los actos de "bondad" se originan en el amor. El verdadero amor implica ser civilizado y cuidarse intencionalmente el uno al otro. Es ser humano, mostrar empatía y de otras maneras ser amable. Esto ayuda tanto al dador como al receptor. La bondad ayuda a todos a desarrollar la personalidad y es un buen augurio para el desarrollo de la humanidad en general.

Desafortunadamente, la riqueza se ha convertido en la prueba de fuego de la prosperidad y el medio a través del cual se mide el éxito. Aunque, en la carrera por ser los primeros o más importantes, muchos han cometido actos vergonzosos, contribuyendo así a la deshumanización. El éxito para muchos ha significado la degradación de la humanidad, por lo tanto, la civilización se vuelve cada vez más incivil. ¡Ay! La "raza de ratas" ha socavado a la raza humana. "¿Qué le pasa al mundo? ¿Se ha vuelto loco el mundo?" (Lou Rawls)

La vida no se trata principalmente de patrimonio neto y relaciones transaccionales; se trata del valor intrínseco, la autoestima y las relaciones personales. La vida no se trata solo de singularidad e individualidad; también se trata de la conectividad y la belleza de la diversidad. Se necesita amor para apreciar eso.

Tal vez si ponemos tanto esfuerzo para avanzar moral y espiritualmente como lo hacemos para avanzar material e intelectualmente, estaremos más satisfechos. Y tal vez si compensamos a tratar de amar a nuestro prójimo como a nosotros mismos, el mundo será un lugar mejor para que todos vivan.

Sin embargo, nuestros caminos se cruzaron, independientemente de la circunstancia o la historia, somos miembros de una raza: la raza humana. La vida no se trata de blanco o negro; se trata de blanco y negro y todos los tonos intermedios. "Unidos estamos de pie, divididos caemos".

Lectura Sugerida

3M nombrado en esquema de contaminación masiva que supuestamente causó cáncer generalizado

Por Jayson Veley

Publicado noviembre 29, 2017

Fuente: https://www.naturalnews.com/2017-11-29-3m-named-in-massive-contamination-scheme-that-allegedly-caused-widespread-cancer.html

Comité gubernamental declara que las vacunas contra el VPH nunca deben administrarse a adolescentes Los medios de comunicación persiguen el apagón total de la historia

Por Tracey Watson

Publicado julio 26, 2017

Fuente: https://www.naturalnews.com/2017-07-26-government-committee-declares-hpv-vaccines-should-never-be-given-to-teenage-boys.html

Investigador estadounidense de vacunas inyectó ilegalmente a pacientes con el virus del herpes en habitaciones de hotel como parte de la investigación de la "ciencia de las vacunas"

Por Tracey Watson

Publicado el 27 de noviembre de 2017

Fuente: http://www.medicine.news/2017-11-27-american-vaccine-researcher-illegally-injected-patients-with-herpesvirus-in-hotel-rooms-as-part-of-vaccine-science-research.html

Encubrimiento masivo del cáncer anal por parte de los principales medios de comunicación para proteger la narrativa LGBT que niega la realidad médica

Por Ethan Huff

Publicado noviembre 28, 2017

Fuente: http://www.medicine.news/2017-11-28-massive-cover-up-of-anal-cancer-by-the-mainstream-media-in-order-to-protect-the-lgbt-narrative-that-denies-medical-reality.html

Expuesto: El asesino oculto detrás de la muerte de 1 millón de personas mayores estadounidenses cada año

Por Brice Hammond/American Health Collective

Publicado en 2017

Fuente: https://www.americanhealthcollective.org/?aff_id=bill011217naturalwonders

La población negra está en declive: 3 de cada 4 abortos en Estados Unidos son bebés negros, más del doble que los blancos

Por Tracey Watson

Publicado noviembre 30, 2017

Fuente: https://www.naturalnews.com/2017-11-30-the-black-population-is-in-decline-3-out-of-every-4-abortions-in-america-are-black-more-than-double-that-of-whites.html

La agenda científica para exterminar a los negros

Por Mike Adams

Publicado octubre 27, 2017

Fuente: https://www.youtube.com/watch?V=SMNFQ4tLRFc

El plan para matar a 500 millones de personas negras en África occidental y oriental

Por El Hombre Anago

Publicado julio 7, 2019

Fuente: https://anagomanblogs.com/2019/07/07/the-plan-to-kill-500-million-in-west-east-africa/?

Bill Gates: Debemos despoblar África para salvar a Europa

Por Jay Greenberg

Publicado julio 14, 2017

Fuente: https://kichuu.com/bill-gates-depopulate-africa-save-europe

Bill Gates acusado de iniciar un brote de ébola en una aldea africana por Putin

Por Jay Greenberg

Publicado mayo 17, 2017

Fuente: https://kichuu.com/bill-gates-accused-starting-ebola/

Recién nacidos negros 3 veces más propensos a morir cuando son atendidos por médicos blancos

Por Rob Picheta/CNN

Publicado agosto 20, 2020

Fuente: https://www.msn.com/en-us/news/us/black-newborns-3-times-more-likely-to-die-when-looked-after-by-white-doctors/ar-BB186YDl?li=BBnbcA1&ocid=uxbndlbing

Las mujeres que afirman que fueron obligadas a someterse a una cirugía reproductiva por ICE hablan

Por Associated Press/The Independent

Publicado septiembre 18, 2020

Fuente: https://news.yahoo.com/women-forced-undergo-hysterectomies-ice-175219148.html

Denunciante de ICE: Enfermera alega "histerectomías en mujeres inmigrantes en Estados Unidos"

Por BBC

Publicado septiembre 15, 2020

Fuente: https://www.bbc.com/news/world-us-canada-54160638

¿Han programado los científicos alimentos transgénicos para reducir la población? La evidencia sugiere que la reducción de los recuentos de espermatozoides, especialmente en los hombres negros, es el resultado de alimentos armados

Por Isabelle Z

Publicado noviembre 16, 2017

Fuente: https://www.naturalnews.com/2017-11-16-have-scientists-programmed-gmo-food-to-reduce-the-population-evidence-suggests-reduced-sperm-counts-especially-in-black-men-are-a-result-of-weaponized-food.html

Las Naciones Unidas se ven obligadas a admitir que las vacunas de Bill Gates están propagando la poliomielitis por toda África

Por Ethan Huff

Publicado septiembre 8, 2020

Fuente: https://www.depopulation.news/2020-09-08-united-nations-admits-vaccines-bill-gates-spreading-polio-africa.html

Lo que Bill Gates hace en África o en los países del Tercer Mundo: Los líderes africanos no deben confiar demasiado en este hombre debido a su dinero

Por Johan Van Dongen

Publicado abril 1, 2020

Fuente: https://www.modernghana.com/news/992977/what-bill-gates-does-in-africa-or-third-world-coun.html

En 1825, Haití pagó a Francia 21.000 millones de dólares para preservar su independencia: es hora de que Francia lo devuelva

Por Dan Sperling / Capital Flows

Publicado en diciembre de 2017

Fuente: https://www.forbes.com/sites/realspin/2017/12/06/in-1825-haiti-gained-independence-from-france-for-21-billion-its-time-for-france- to-pay-it-back /? sh = 1dd58234312b

Por qué Estados Unidos le debe miles de millones a Haití: la historia más breve

Por Bill Quigley

Publicado en mayo de 2011

Fuente: https://www.huffpost.com/entry/why-the-us-owes-haiti-bil_b_426260

Acaparamiento de tierras en África: ¿A quién sirven los intereses?

Por Ernest Aryeetey y Zenia Lewis

Posted junio 25, 2010

Fuente: https://www.brookings.edu/articles/african-land-grabbing-whose-interests-are-served/

El complot psicopático para inyectar a 7 mil millones de

personas comienza con el condicionamiento de cumplimiento, los mensajes pandémicos, las libertades robadas

Por Lance D Johnson

Publicado agosto 25, 2020

Fuente: https://www.depopulation.news/2020-08-25-psychopathic-plot-to-inject-7-billion-people-compliance-conditioning.html

Experimento Tuskegee: El infame estudio de la sífilis

Por Elizabeth Nix

Publicado el 16 de mayo de 2019 y actualizado el 29 de julio de 2019

Fuente: https://www.history.com/news/the-infamous-40-year-tuskegee-study

Exponiendo el abrazo histórico del movimiento progresista a la eugenesia racista

A cargo de Gregory Van Dyke.

Publicado septiembre 20, 2020

Fuente: https://genocide.news/2020-09-20-progressive-movements-historical-embrace-racist-eugenics.html #

Eugenesia: Esterilización obligatoria en 50 estados americanos

Por Lutz Kaelber

Posted marzo 3, 2009

Fuente: https://www.uvm.edu/~lkaelber/eugenics/

Programas de esterilización y eugenesia no deseados en los Estados Unidos

Por Lisa KO

Publicado enero 29, 2016
Fuente: https://www.pbs.org/independentlens/blog/unwanted-sterilization-and-eugenics-programs-in-the-united-states/

La vacuna contra el coronavirus es la "solución final" del arma de despoblación contra la humanidad; Los globalistas esperan convencer a MILES de millones de personas para que cometan "suicidio a través de la vacuna"

A cargo de Mike Adams.
Publicado agosto 3, 2020
Fuente: https://eugenics.news/2020-08-03-coronavirus-vaccine-final-solution-depopulation-weapon.html

Biochip inyectable para la detección del SARS-CoV-2 cerca de la aprobación de la FDA

Por Joseph Mercola
Publicado sept. 17, 2020
Fuente: https://www.lewrockwell.com/2020/09/joseph-mercola/injectable-biochip-for-sars-cov-2-detection-near-fda-approval/

Satírico político emprete la lucha contra la tiranía

Por el Dr. Joseph Mercola
Publicado junio 13, 2021
Fuente:
https://articles.mercola.com/sites/articles/archive/2021/06/13/cj-hopkins-fight-against-tyranny.aspx

La zenofobia abrirá las puertas a una nueva era de apartheid en Sudáfrica

Por El Hombre Anago

Publicado septiembre 13, 2019
Fuente: https://anagomanblogs.com/2019/09/13/dear-south-africa-beware-for-apartheid-is-coming-again/

El genocidio silencioso en la América negra. Estrés basado en la raza y resultados negativos de salud en negros de EE. UU.

Por Billi Gordon, Ph.D.
Posted enero 20, 2014
Fuente: https://www.psychologytoday.com/blog/obesely-speaking/201401/the-silent-genocide-in-black-america

¿Puede el racismo causar TEPT? Implicaciones para el DSM-5

Por Monnica T. Williams Ph.D.
Publicado el 20 de mayo de 2013.
Fuente: https://www.psychologytoday.com/blog/culturally-speaking/201305/can-racism-cause-ptsd-implications-dsm-5

Las guerras siguen matando: la enfermedad de la Guerra del Golfo causa daños en el ADN de los veterinarios, según una nueva investigación

Por Frances Bloomfield
Publicado noviembre 20, 2017
Fuente: https://www.naturalnews.com/2017-11-20-wars-keep-on-killing-gulf-war-illness-causes-dna-damage-in-vets-according-to-new-research.html

La brecha de encarcelamiento se amplía entre blancos y negros

Por Pew Research Center
Posted septiembre 6, 2013

Fuente: http://www.pewresearch.org/fact-tank/2013/09/06/incarceration-gap-between-whites-and-blacks-widens/

¿1 de cada 3 hombres negros va a prisión? Los 10 hechos más inquietantes sobre la desigualdad racial en el sistema de justicia penal de los Estados Unidos

Por Sophia Kerby/The American Prospect

Posted marzo 17, 2012

Fuente:

https://www.alternet.orgstory/154587/1_in_3_black_men_go_to_prison_the_10_most_disturbing_facts_about_racial_inequality_in_the_u.s._sistema_de_justicia_penal

Los 10 hechos más sorprendentes sobre las personas de color y la justicia penal en los Estados Unidos: una mirada a las disparidades raciales inherentes al sistema de justicia penal de nuestra nación

Por Sophia Kerby

Posted marzo 13, 2012

Fuente:

https://www.americanprogress.org/issues/race/news/2012/03/13/11351/the-top-10-most-startling-facts-about-people-of-color-and-criminal-justice-in-the-united-states/

Estadísticas de prisiones de hombres blancos contra hombres negros 2016: ¿Por qué hay más hombres afroamericanos encarcelados?

A cargo de Janice Williams.

Publicado octubre 5, 2016

Fuente: https://www.ibtimes.com/white-men-vs-black-menprison-statistics-2016-why-are-more-african-american-males-2426793

Racismo enmascarado: reflexiones sobre el complejo industrial penitenciario

A cargo de Angela Davis.

Publicado en septiembre de 1998

Fuente: https://www.colorlines.com/articles/masked-racism-reflections-prison-industrial-complex

Los fracasos morales del complejo industrial penitenciario de Estados Unidos

Por The Economist

Publicado julio 2015

Fuente: https://www.economist.com/democracy-in-america/2015/07/20/the-moral-failures-of-americas-prison-industrial-complex

Cómo el complejo industrial penitenciario está corrompiendo las elecciones estadounidenses

Por Shawn Mcelwee

Publicado mayo 2015

Fuente:

https://www.salon.com/2015/05/26/how_the_prison_industrial_complex_is_corrupting_american_elections/

Los presos y el derecho al voto en los Estados Unidos

Por Genieve LeBaron

Posted Diciembre 2011

Fuente: http://womensuffrage.org/?p=290

Lo que los estadounidenses creen sobre el derecho al voto de los delincuentes

Por Christopher Uggen/Universidad de Minnesota
Publicado abril 2012
Fuente: http://www.scholarsstrategynetwork.org/brief/what-americans-believe-about-voting-rights-criminals

Distorsiones peligrosas sobre policías disparando a hombres negros

Por John R. Lott, Jr./New York Daily News
Posted diciembre 2, 2014
Fuente: http://www.nydailynews.com/opinion/john-lott-dangerous-distortions-cops-shooting-black-men-article-1.2030545

No podemos confiar en que la policía nos proteja de la violencia racista. Contribuyen a ello

Por Rashad Robinson/Guardián
Publicado el 22 de agosto de 2019
Fuente:
https://www.theguardian.com/commentisfree/2019/aug/21/police-white-nationalists-racist-violence

Cómo el racismo estructural está vinculado a tasas más altas de violencia policial

Por Brentin Mock/Bloomberg.
Publicado Feb.15, 2018
Fuente: https://www.bloomberg.com/news/articles/2018-02-15/how-structural-racism-is-linked-to-police-violence

Infiltración de supremacistas blancos en las fuerzas policiales de Estados Unidos: verificación de hechos del asesor de seguridad nacional O'Brien.

Por Danielle Schulkin/Just Security

Publicado junio 1, 2020
Fuente: https://www.justsecurity.org/70507/white-supremacist-infiltration-of-us-police-forces-fact-checking-national-security-advisor-obrien/

Hoja informativa de justicia penal

Fuente: http://www.naacp.org/criminal-justice-fact-sheet/

La CIA, los contras, las pandillas y el crack

Por William Blum/ Instituto de Estudios Políticos
Publicado el 1 de noviembre de 1996
Fuente: https://ips-dc.org/the_cia_contras_gangs_and_crack/

Crack, la CIA y la crisis de drogas de la América negra

*Por Charlene Muhammad/ La llamada*final.
Posted diciembre 16, 2014
Fuente:
https://www.finalcalldigital.com/publication/?m=33030&l=1

La CIA canaliza drogas a barrios pobres de Estados Unidos

Por RT
Publicado el 6 de enero de 2011
Fuente: https://www.rt.com/usa/usa-cia-drugs-poor-americas/

Figuras clave en el escándalo de la cocaína crack de la CIA comienzan a presentarse

Por Ryan Grim, Matt Sledge y Matt Ferner/ Huffington
Publicado diciembre 6, 2017
Fuente: https://www.huffpost.com/entry/gary-webb-dark-alliance_n_5961748

Redibujando a Estados Unidos: por qué es importante el gerrymandering

Por Evan Bonsall y Victor Agbafe
Publicado mayo 24, 2016
Fuente: http://harvardpolitics.com/united-states/redrawing-america-gerrymandering-matters/

Cómo el gerrymandering impide que el Congreso apruebe leyes de control de armas
Por Eric Bradner/CNN
Publicado octubre 3, 2017
Fuente: http://www.cnn.com/2017/10/03/politics/gun-control-gerrymandering-house/index.html

La nueva cara de Jim Crow: supresión de votantes en Estados Unidos
Por People For The American Way
Publicado agosto 2016
Fuente: http://www.pfaw.org/report/the-new-face-of-jim-crow-voter-suppression-in-america/

La vergonzosa historia de supresión de votantes en Estados Unidos
Por Andrew Gumble
Publicado septiembre 2017
Fuente: https://www.theguardian.com/us-news/2017/sep/13/america-history-voter-suppression-donald-trump-election-fraud

Estados Unidos ya está en medio de una crisis de supresión de votantes
Por Mark Joseph Stern
Publicado octubre 2016
Fuente:

http://www.slate.com/articles/news_and_politics/jurisprudence/2016/10/republicans_are_already_suppressing_minority-votes_all_over_america.html

NFL: ¿La liga deportiva más corrupta?

Por Jimmie Kaylor/Sports Cheet Sheet

Publicado octubre 2015

Fuente: https://www.cheatsheet.com/sports/is-the-nfl-the-most-corrupt-sports-league-in america.html/?a= viewall

Corrupción en el deporte: del campo de juego al campo de la política

Por Adam Masters

Publicado en marzo de 2017

Fuente:

http://www.tandfonline.com/doi/full/10.1016/j.polsoc.2015.04.002

23 beneficios para la salud de la marihuana

Por Jennifer Welsh y Kevin Loria/Business Insider

Posted abril 20, 2014

Fuente: http://www.businessinsider.com/health-benefits-of-medical-marijuana-2014-4/#marijuana-protects-the-brain-after-a-stroke-19

Datos sobre las drogas

Por Instituto Nacional sobre el Abuso de Drogas

Publicado abril, 2017

Fuente:

https://www.drugabuse.gov/publications/drugfacts/marijuana-medicine

El verdadero significado detrás de las altas tasas de

incumplimiento de préstamos entre los estudiantes negros: otro tipo de desajuste universitario

Por Naomi Schaefer Riley

Publicado noviembre 29, 2017

Fuente: http://www.latimes.com/opinion/op-ed/la-oe-riley-college-loan-default-rates-20171129-story.html

La raza de un vecindario afecta el valor de las viviendas más ahora que en 1980

Por Brentin Mock

Publicado septiembre 21, 2020

Fuente: https://www.bloomberg.com/news/articles/2020-09-21/race-gap-in-home-appraisals-has-doubled-since-1980

Cómo Trump realmente está cambiando las cosas

Por Danz Blatz/The Washington Post

Publicado noviembre 25, 2017

Fuente: https://www.washingtonpost.com/politics/how-trump-is-really-changing-things/2017/11/25/a 5dbc1b2-d1f4-11e7-a87b-47f14b73162a_story.html?utm_term=4938cd678c17

Wall Street Negro

Fuente: https://www.britannica.com/place/Black-Wall-Street

Masacre racial de Tulsa

Fuente: https://en.wikipedia.org/wiki/Tulsa_race_massacre

La CIA y el subdesarrollo de Nigeria

Por Odilim Enwegbara/10 min de lectura

Posted diciembre 18, 2012

Fuente: https://www.inigerian.com/cia-and-nigerias-underdevelopment/

Cuatro formas más en que la CIA se ha entrometido en África
Por BBC
Publicado mayo 17, 2016
Fuente: https://www.bbc.com/news/world-africa-36303327

Leopoldo II: Bélgica "despierta" a su sangriento pasado colonial
Por Georgina Rannard & Eve Webster/BBC News
Publicado junio 13, 2020
Fuente: https://www.bbc.com/news/world-europe-5301788

El subdesarrollo de África por Europa
By Washington Alcott.
Publicado marzo 18, 2020
Fuente: http://www.revealinghistories.org.uk/africa-the-arrival-of-europeans-and-the-transatlantic-slave-trade/articles/the-underdevelopment-of-africa-by-europe.html

8 casos desgarradores en los que la tierra fue robada a los estadounidenses negros a través del racismo, la violencia y el asesinato.
A cargo de A. Moore.
Posted octubre 9, 2014
Fuente: https://atlantablackstar.com/2014/10/09/8-heartbreaking-cases-where-land-was-stolen-from-black-americans-through-racism-violence-and-murder/

El mayor engaño en todo el plan de juego final del mundo
A cargo de Kristian Shane Dickerson.
Publicado marzo 31, 2020
Fuente: www.watchmanforjesus.com/biggest-deception-on-

the-whole-world-endgame-plan/

Enterrar mi corazón en Wounded Knee: Un indio

La verdad sobre COVID-19: exponiendo el gran reinicio, los bloqueos, los pasaportes de vacunas y la nueva normalidad

Por el Dr. Joseph Mercola & Ronnie *Cummins*, © 2021

Chelsea Green Publishing, Inc. White River Junction, Vermont

Historia del Oeste Americano

Por Dee Brown, © 2007

Henry Holt & Company, Nueva York, NY

Entre el mundo y yo

Por Ta-Nehisi Coates, © 2015

Spiegel & Grau, Nueva York, NY

Fragilidad blanca: por qué es tan difícil para los blancos hablar sobre el racismo

Por Robin DiAngelo, © 2018

Beacon Press, Cumbre de Lee, MO

Rabia blanca: la verdad tácita de nuestra división racial

Por Carol Anderson, ©2016

Bloomsbury Publishing: Londres, Oxford, Nueva York

Stamped from the Beginning: La historia definitiva de las ideas racistas en Estados Unidos

Por Ibram X. Kendi, © 2017

Nation Books, Nueva York, NY

Esclavitud con otro nombre: La reesclavituación de los

estadounidenses negros desde la Guerra Civil hasta la Segunda Guerra Mundial

Por Douglas A. Blackmon, © 2008

Doubleday, Nueva York, NY

Lo que los ojos no ven: una historia de crisis, resistencia y esperanza en una ciudad estadounidense.

Por Hanna-Attisha © 2018

Random House: Nueva York

El nuevo Jim Crow: encarcelamiento masivo en la era del daltonismo

Por Michelle Alexander © 2010, 2012

The New Press, New York, NY

Conspiración de las muelas del juicio: dispositivo de escucha electrónica

Por Sabiduría.

Posted agosto 7, 2011

Fuente: James M. Mooney v. Veterans Administration, No. 90-1628, Tribunal de Apelaciones de los Estados Unidos para el Primer Circuito, 3 de diciembre de 1990.

La mala educación del negro

Por C. G. Woodson, et al © 2010

SoHoBooks, Manhattan, Nueva York

La carta de Willie Lynch y la creación de un esclavo

Por Willie Lynch © 2009

BN Publishing, Hawthorne, CA

Las almas del pueblo negro

Por W.E.B. Dubois © 2014

Publicaciones del Milenio, Tampa, FL

Los papeles de Isis: las claves de los colores

Por F.C. Welsing © 2004

C.W. Publishing, Nueva York, NY

Fatiga negra: cómo el racismo erosiona la mente, el cuerpo y el espíritu.

Por Mary-Frances Winters © 2020

Berrett-Koehler Publishers, Oakland, CA

Destrucción de la civilización negra: grandes problemas de una raza desde 4500 a.C. hasta 2000 d.C.

Por C. Williams © 2012

BN Publishing, Hawthorne, CA

La mitad nunca ha sido contada: *la esclavitud y la creación del capitalismo estadounidense*

Por Edward E. Baptist © 2016

Basic Books, Nueva York, NY

El color de la ley: una historia olvidada de cómo nuestro gobierno segregó a Estados Unidos

Por R. Rothstein © 2018

Liveright Publishing Corporation, Nueva York, NY

Animal Farm: Edición 75 Aniversario

Por George Orwell © 2004

New American Library, New York, NY

El negro, ya sea en África o en América, debe ser dirigido hacia un examen serio de los fundamentos de la educación, la religión, la literatura y la filosofía tal como se le han expuesto. Debe estar lo suficientemente iluminado como para determinar por sí mismo si estas fuerzas han llegado a su vida para bendecirlo o bendecir a su opresor. ~ *Carter G. Woodson*

Una mentira no se convierte en verdad, el mal no se convierte en correcto y el mal no se convierte en bueno, solo porque es aceptado por una mayoría. ~ *Booker T. Washington*

Ser estadounidense significa tener en cuenta nuestro pasado violento. ~ *Ken Burns*

OTRAS OBRAS DEL AUTOR

Inteligencia espiritual: una perspectiva cristiana

Crimen y violencia en el Caribe

Matrimonio bajo asedio

La relación matrimonial

Antes del matrimonio: una cartilla

El cuestionario de compatibilidad

Amor y Vida (Poesía)

Livity: Vibraciones del Alma (Poesía)

Vibraciones positivas

Value Vibes (libro de trabajo)

Atributos de iluminación (libro)

Podemos: Conceptos para la mente positiva (libro de trabajo)

Mi Oración: Peticiones de la Mente Espiritual

El diario del aprendiz

El rastreador de gastos

Conoce al Sr. Bigot

Luchando contra la intolerancia

www.ingramcontent.com/pod-product-compliance
Lightning Source LLC
Chambersburg PA
CBHW070329090426
42733CB00012B/2408
* 9 7 8 1 9 4 1 6 3 2 3 8 3 *